# 직장인이여
# 제2의 엔진을
# 돌려라

# 직장인이여 제2의 엔진을 돌려라

| | | | | |
|---|---|---|---|---|
| 발행일 | 2018년 6월 8일 | | | |
| 지은이 | 주 두 식 | | | |
| 펴낸이 | 손 형 국 | | | |
| 펴낸곳 | (주)북랩 | | | |
| 편집인 | 선일영 | 편집 | 권혁신, 오경진, 최승헌, 최예은 | |
| 디자인 | 이현수, 김민하, 한수희, 김윤주, 허지혜 | 제작 | 박기성, 황동현, 구성우, 정성배 | |
| 마케팅 | 김회란, 박진관 | | | |
| 출판등록 | 2004. 12. 1(제2012-000051호) | | | |
| 주소 | 서울시 금천구 가산디지털 1로 168, 우림라이온스밸리 B동 B113, 114호 | | | |
| 홈페이지 | www.book.co.kr | | | |
| 전화번호 | (02)2026-5777 | 팩스 | (02)2026-5747 | |
| ISBN | 979-11-6299-159-6 03320(종이책) | | 979-11-6299-160-2 05320(전자책) | |

이 도서의 국립중앙도서관 출판예정도서목록(CIP)은 서지정보유통지원시스템 홈페이지(http://seoji.
nl.go.kr)와 국가자료공동목록시스템(http://www.nl.go.kr/kolisnet)에서 이용하실 수 있습니다.
(CIP제어번호 : CIP2018017608)

**(주)북랩** 성공출판의 파트너

북랩 홈페이지와 패밀리 사이트에서 다양한 출판 솔루션을 만나 보세요!

**홈페이지** book.co.kr · **블로그** blog.naver.com/essaybook · **원고모집** book@book.co.kr

한발 앞서 준비하는 퇴직 후 목표설정 워크북

# 직장인이여 제2의 엔진을 돌려라

주두식 지음

현직에서 인생 3막을 준비하여
퇴직 후 삶을 더 알차게 보내는 방법

북랩 book Lab

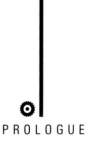

모든 직장인들은 일정한 시간이 지나면 본인의 의사와 무관하게 퇴직이라는 큰 변화를 경험하게 된다. 우리들의 마음 한곳에 자리 잡고 있는 퇴직 후에 대한 막연한 불안감을 해결하는 방법은 없을까?

스스로 미래를 구체화하고 계획을 수립하여 혼자 퇴직을 준비하는 것은 어렵다.

퇴직 후 효과적인 일자리 확보를 위해 내가 현재 가진 지식과 역량을 그대로 활용할 수 있는 것이 가장 좋다. 만일 현재 나의 퇴직 준비가 부족하다고 생각되면, 남은 5년, 10년의 시간 동안에 퇴직 후 활용할 새로운 에너지를 지금부터 조금씩 만들어 가면 된다.

이 책은 직장인들의 퇴직 후 목표설정을 위한 워크북으로 필자가 현직에서부터 성공적인 퇴직설계를 위해 고민하고 준비한 내용을 정리하였다. 또한 비전(목표)을 세우고 실천하기 위한 다양한 워크시트를 제공하고 상호소통하며, 구체적인 미래설계 가이드라인을 제시한다. 퇴직 이후의 일자리와 관련하여 40대의 필자와 비슷한 고민을 하고 있을 많은 직장인들과 함께 해결책을 나누기 위하여 책을 출간한다.

# CONTENTS

## Chapter 04 수렴: 경력설계 비전 마인드맵

## Chapter 05 계획: 목표 설정

## ◉ 워크시트 목차

# Chapter 01

# 퇴직 후 수입 공백기

# ① 대한민국 퇴직 대란!

    1955~63년생의 1차 베이비부머 700만 명의 퇴직이 시작되었고, 1968~73년생의 2차 베이비부머 600만 명이 연달아 퇴직대열에 합류할 예정이다. 2016년이 되어 정년 60세가 법적으로 의무화된 가운데, 실제 직장인들이 경험하는 퇴직 시기를 정확히 짚어볼 필요가 있다. 우리나라는 OECD 국가 중 실질 퇴직연령이 가장 높은 국가이다. 통계청 자료를 살펴보면, 완전하게 일을 그만두는 나이인 실질 퇴직연령은 평균 71.8세이지만, 주된 퇴직연령은 49.1세로 20여 년의 차이가 있었다. 직장인들이 공식적인 퇴직 후에도 장기간 노동시장에 머물러 있다는 증거이다.

[그림 1] 우리나라 실질 퇴직연령

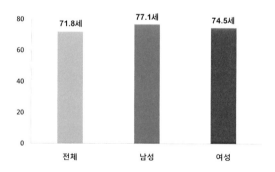

12                직장인이여 제2의 엔진을 돌려라

[그림 2] 우리나라 주된 퇴직연령

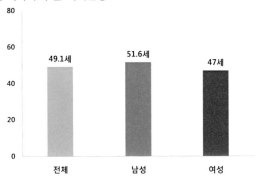

이렇듯 법적 퇴직연령과 현실적인 퇴직연령이 상당히 차이가 나고 길면 20년 정도 더 일을 해야 한다는 압박 가운데, 퇴직을 앞둔 50대의 직장인들은 현실적인 생존문제를 고민할 수밖에 없다. 그렇다면, 직장인들이 퇴직 후 하고 싶은 일은 무엇일까? 직장인 1,500명을 대상으로 한 중장년 생애재설계 및 경력재개방안 연구에 따르면[그림3], 현 직장을 퇴직한 후 하고 싶은 일은 개인창업 20.9%, 경력을 살린 재취업 18.4%, 귀농 12.3%, 새로운 분야로의 재취업 11.5%, 사회봉사활동 11.2%로 나타났다. 즉, 중장년은 퇴직 후 사업을 시작하거나 자신의 경력을 살려 재취업하기를 원하는 비율이 높으나 퇴직 후 하고 싶은 일에 대해 8.9%가 모르겠다고 응답하여, 일부는 퇴직 후 자신의 경로설정에 막연함을 느끼는 것으로 조사되었다.

[그림 3] 퇴직 후 하고 싶은 일

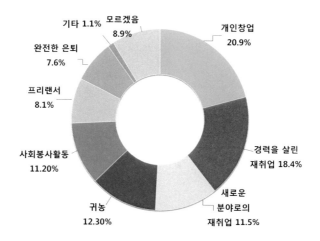

퇴직 후 하고 싶은 일을 위해 재직 중 무엇을 준비해야 하는가에 대한 질문[그림 4]에는, 현 직장 퇴직 후 내가 무엇을 하고 싶은지 파악 34%, 퇴직 후 계획을 위한 경제적 준비 21.4%, 일과 삶에 대한 가치관 재점검 12.8%, 나의 직업 흥미, 적성 이해 10% 순으로 나타났다. 또한 퇴직 후 취업 가능한 직업정보 탐색 7.9%, 퇴직 후 계획과 관련한 정보·제도 탐색 5.7%, 자격증, 학위 취득 등의 전문성 제고 5 2%, 인적 네트워크 관리 2.9%로 조사되었다.

[그림 4] 퇴직 후를 위해 재직 중 준비해야 할 일

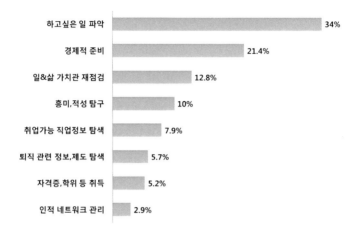

위 결과를 살펴보면, 직장인들은 퇴직 후 재취업에 대한 정보탐색보다는 퇴직 후 자신이 무엇을 하고 싶은지 파악하고 적성을 탐구하는 것에 가치를 두고 있음을 알 수 있다. 이렇듯 직장인들은 퇴직 후의 새로운 직업으로 자신이 정말 하고 싶고, 즐기며 할 수 있는 일을 찾으려고 한다.

나는 어떠한가? '2016 대한민국 직장인 보고서'에 따르면 직장인의 불안요인[그림 5]은 노후불안 34.9%, 자녀교육 16.4%, 주택문제 15.9% 순서로 집계됐다.

[그림 5] 직장인의 불안요인

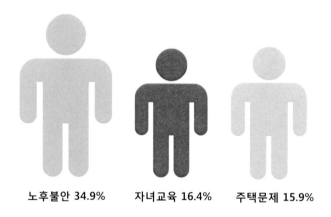

**노후불안 34.9%**　　**자녀교육 16.4%**　　**주택문제 15.9%**

최선의 노후준비 방법[그림 6]을 묻는 질문에는 45.2%가 현재 직장을 오래 다니는 것이라고 답했다.

[그림 6] 최선의 노후준비 방법

45.2%

현재 직장을
오래 다닌다

0                               100

하지만 현실은 생각하는 것보다 각박하다. 회사는 나를 기다려 주지 않는다. 안정된 월급, 4대 보험, 나의 신원을 보장해 줄 회사. 현 직장에서 벗어나면 어떻게 수입을 얻을지 당장 생각나는 것이 있는가? 이러한 고민은 대한민국 직장인들의 공통된 자화상이고 또한 나의 모습이다.

실제 주위의 많은 직장인들의 퇴직 후 고민은, 내가 무엇을 할 수 있는지를 모른다는 것이다. 심지어 퇴직 후 휴식을 한다 하여도 내가 뭘 하면서 시간을 보내야 하는지, 무엇을 해야 행복한지 모르는 사람들이 많이 있다. 또한 하나의 큰 문제는 곧 닥쳐올 퇴직을 아직은 먼 미래의 일로 생각한다는 것이다. 하지만 생각보다 시간이 많이 남지 않았다.

'2015년 중장년 재취업인식 조사'에 따르면[그림 7], 중장년 구직자 10명 중 4명이 사전 준비 없이 퇴직하는 것으로 나타났다.

[그림 7] 퇴직 전 재취업 준비 여부

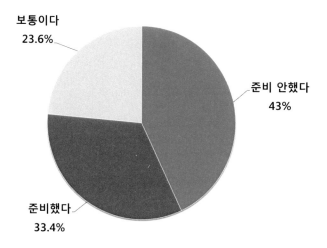

그리고 퇴직 후 실직 기간을 묻는 질문에는 '1년 이상 실직 상태'라는 응답이 37%에 달했다. '1년째 쉬고 있다'는 응답은 27%, '6개월째 쉬고 있다'는 대답도 18%로 조사됐다.

[그림 8] 구직자의 스트레스 요인

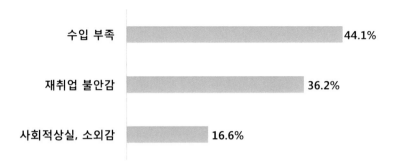

중장년 구직자에게 스트레스를 주는 주원인[그림 8]은 수입부족과 채무, 자녀 교육비 등 경제적 문제가 44.1%로 가장 높았다. 이어 재취업 가능성에 대한 불안감 36.2%, 사회적상실, 소외감16.6%로 나타났다.

과거에 퇴직은 노후를 즐기며 휴식을 취하는 시기였다. 하지만 평균 수명이 연장되고 나이에 대한 패러다임이 바뀐 지금, 퇴직은 새로운 시작이라는 생각이 많아졌다. 그리고 퇴직자의 재취업이나 창업 등의 경제활동을 유지하는 것은 선택이 아니라 필수적인 과정이 되어가고 있는 상황이다. 조금 더 현실감각을 키워 앞으로 내가 겪어야 할 미래를 객관적으로 바라보고 긴장감을 느껴야 할 때이다.

## ② 직장인의 인생 4막 분류

　대한민국 대부분의 직장인은 빠르면 40대 후반, 일반적으로는 50대 초반부터 퇴직의 압박을 받게 되고, 60세 전에 상당수가 1차 퇴직을 경험하게 된다. 보편적으로 인생은 1막과 2막 혹은 인생 이 모작으로 나뉘지만, 이 책에서는 직장인의 인생을 사회 활동 중심으로 구분하여 4막으로 분류하고자 한다.

[그림 9] 직장인 인생 4막 분류

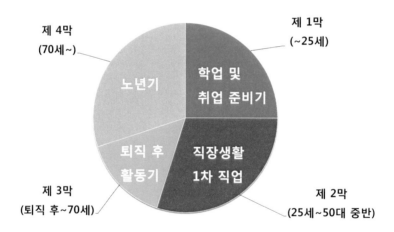

　직장인의 인생 제1막은 '학업 및 취업 준비기'이다. 제2막은 '졸업

하여 직업을 가지고 생활하면서 퇴직 후 활동을 준비하는 시기'이며, 제3막은 '퇴직 후의 활동기'로 수입 공백의 가능성이 큰 시기이다. 마지막으로 제4막은 육체적 건강 수명인 70세 이후 '노년기'로 은퇴의 삶을 사는 시기이다.

**표1** 직장인 인생 4막별 주요 활동, 연령, 가족형태

| 직장인 인생4막 | 주요활동 | 연령대 | 가족형태 | 비고 |
|---|---|---|---|---|
| 제1막 | 학업 및 취업준비 | ~25세 | 나 | 학교 |
| 제2막 | 직장생활, 1차직업 | ~50대 중반 | 나+가족 | 직장 |
| 제3막 | 퇴직 후 활동 | 퇴직 후 ~70세 | 부부 | 수입공백기 발생가능 |
| 제4막 | 노년기 | 70세 이후~ | 부부 or 나 | 은퇴 후 활동 |

이 책에서는 앞서 분류한 직장인의 인생 중 제3막인 '퇴직 후 활동기'를 현업 중에 어떻게 준비하며 안정적으로 제4막과 연결할지 고민하고 질문하여, 함께 구체적인 방안을 찾아본다.

## ③ 퇴직 후 나의 수입 공백기

  지금까지 매달 월급을 받으며 일했을 직장인들. 만약 나에게 당장 들어오는 수입이 없다면? 상상이 되는가? 실업수당이나 퇴직금 등 부가적인 사항을 제외하고, 퇴직 후 수입을 위한 대책이 없다면 수입 공백기가 찾아올 가능성이 높다. [그림 10]에서와 같이 55세에 퇴직한다고 가정하면, 65세 정도의 연금수령까지 길게는 10년의 수입 공백기를 맞게 된다.

[그림 10] 퇴직 후 수입 공백기의 발생과 극복

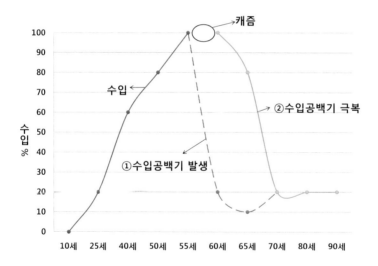

55세 퇴직을 가정하면 ①점선(수입 공백기)은 수입이 없는 '캐즘'에 빠져 급격하게 수입이 줄어드는 모습이다. 그래프 ②(수입 공백기 극복)는 캐즘을 극복하여 적정한 수입이 보장되는 바람직한 그래프이다. 캐즘에 빠지지 않기 위해서는 직장에서 근무하고 있는 현재부터 인생 제3막을 잘 설계하여, 퇴직 후 인생의 질 저하를 방지할 수 있는 방안을 준비해야 한다.

_캐즘(Chasm)이란?
지질학에서 쓰이는 용어로 지층 사이에 큰 틈이나 협곡이 생기는 것을 의미하며, 마케팅 용어로는 신기술이 처음 개발된 후 대중적으로 보급되기까지 수요가 정체되는 현상을 말한다.

출생년도에 따른 국민연금 수령시기[표 2]에 의하면,

**표 2** 출생년도에 따른 국민연금 수령시기

| 출생년도 | 국민연금수령시기 |
| --- | --- |
| 1953~56년생 | 61세 |
| 1957~60년생 | 62세 |
| 1961~64년생 | 63세 |
| 1965~68년생 | 64세 |
| 1969년생 이후 | 65세 |

국민연금은 69년생 기준으로 65세부터 수령할 수 있으며 65~68년생은 64세에 연금 수령이 가능하다. 현실적으로 일반 회사원의 경우 평균 53~55세에 퇴직하면 적어도 10년은 연금 없이 생활해야 한다는 것이다. 그렇다고 하여 국민연금이 현재 받는 월급만큼 나오는 것도 아닐 것이며, 노후를 잘 준비했다 하여도 금전적 압박을 받는 것은 당연한 현실이다.

은퇴 후 생활비는 얼마 정도로 예상하는가? 국민연금연구원[그림 11]에 따르면 대한민국 부부 기준 노후 생활비는 236.9만 원이다.

[그림 11] 부부기준 월 적정생활비, 최소생활비

이렇듯 퇴직 후 부부 기준으로 생활비가 월 평균 237만 원이 필요하다고 하지만, 아직 자녀들에게 들어갈 비용이 많은 가정에서는 이는 매우 부족하다. 노후 생활비는 갈수록 늘어나지만, 소득이 적정생활비 수준에 도달하기 어려운 것이 큰 문제로, 10년 전같은 조사에서 월 적정생활비는 150만 원선이었다. 현재는 57%나

늘어난 것이다.

이에 따라 노인빈곤도 사회적 문제로 확대되고 있다. 65세 이상 노인 중 중위소득(105만 4913원)의 절반도 벌지 못해 상대 빈곤층으로 분류된 비율이 44.8%나 되는 것이 현실이다. 연금이 이를 보완해 줄까? 가입기간 20년 이상 국민연금 수급자의 평균 급여액은 월 88만 원에 불과했다. 퇴직 후 일을 구하지 못했을 때 닥쳐올 소득 공백기는 생각보다 큰 문제인 것이 자명하다. 만약 퇴직 후 새로 일을 시작하여 월 200만 원을 받는다면, 금리 2%를 기준으로 했을 때 12억 원의 금융자산을 보유하고 있는 것과 같은 큰 가치를 지닌다. 이렇듯 퇴직 후 일정 기간의 경제적 활동은 우리의 일상적인 삶을 위한 필수과정이다.

꼭 금전적인 수입으로 인한 동기가 아니더라도, 일을 계속 해야 하는 이유가 있다. 통계청의 '2013 경제활동인구조사 고령층 부가 조사'에 따르면 퇴직 후 재취업하는 이유[그림 12]는 생활비 조달 54.9%와 더불어, 일하는 즐거움 36.9%, 무료함 4.5%, 건강유지 1.7%, 사회봉사 1.9% 등 여러 이유가 있다.

[그림 12] 퇴직 후 재취업 이유

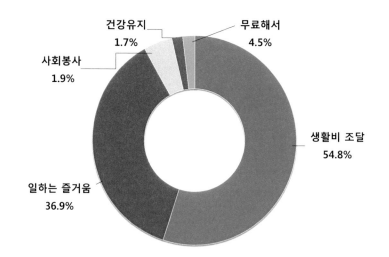

나의 정체성을 확인하고 에너지를 쏟으며 아직 젊은 내가 한 수 있는 일을 찾아서 하는 것이 진정 건강한 삶을 사는 것이라고 할 수 있다. 우리 주위에는 현역에서 뛰던 만큼 수입이 있지는 않더라 도 진정으로 하고 싶었거나 사회적으로 의미 있는 일을 하며 인생

제3막을 살고 있는 사람들도 많이 있다. 퇴직 후 수입 공백기에 빠지지 않고 인생 3막에 잘 안착하여 나를 위한 일, 진정한 노후를 즐기기 위한 발판으로 삼을 수 있는 일. 나도 충분히 찾을 수 있다. 지금부터 구체적인 워크시트를 작성하면서 함께 탐색해 보자.

## ④ 100세 시대, 나이 패러다임의 재정의

우리나라가 고령화되어감에 따라, 나이에 대한 패러다임도 변하고 있다. 먼저 우리에게 익숙한 공자의 『논어』, 「위정」의 나이별 호칭에 대해서 알아보자.

40세는 불혹이라고 하였다. 현대사회의 40세를 생각해 보면 과연 사물의 이치를 터득하고 세상에 흔들리지 않는 나이인가? 50세 지천명. 타고난 운명을 알게 되고 세상을 보는 눈이 완연히 뜨이는 사회의 어른이 되는 시기인가? 생각해 볼 필요가 있다.

한국보다 고령화 사회가 일찍 진행된 일본의 경우를 보자. 일본은 일반적으로 48세까지를 청년기, 64세까지를 장년기, 80세까지를 숙년기, 80세 이상의 나이를 고년기로 분류하여 고령화 사회에 적응하며 살아가고 있다. 공자 시대에서 세상의 이치를 아는 지천명의 나이인 50세에 청년기가 끝나고 있는 것이다. 그리고 공자시대의 인생관에서 세상의 이치에 순응하는 시기인 60세는 현대의 장년기가 끝나는 64세와 같다. 이러한 일본의 나이 셈법이 보다 현실적이지 않은가?

현대의 평균 수명 100세 시대에서 50세는 인생의 겨우 절반을 산 것으로, 비교적 젊은 나이이다. 하지만 사회적인 시각과 더불어, 많은 퇴직 예정자들의 행동과 마인드는 아직 공자시대에 머물러 있는 경우가 많다. 앞으로 살아야 할 날이 50년이나 남았으므로 과거의 나이 셈법과 퇴직은 곧 인생의 휴식이라는 마인드에서 벗어나야 한다.

나이 패러다임의 변화에 순응하는 자세는 퇴직 후 새로운 일을 시작하기 위한 첫걸음이다.

[그림 13] 100세 시대의 인생시계

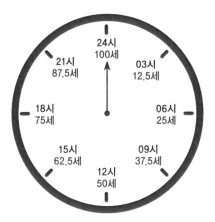

우리 인생을 24시간의 시계로 비유하여 계산하면 지금 내가 몇 시를 살고 있는지를 알 수 있다. 24시간을 100세 기준으로 나누면 1년이 약 15분(14.4분)이다. 따라서 40세는 오전 9시 30분, 45세는 오전 10시 50분, 50세는 정오, 55세는 오후 1시 10분, 60세는 오후

2시 20분 정도가 된다. 나의 인생시계를 계산하여 아래 워크시트를 작성해 보자.

100세 시계를 이용하여 나의 퇴직 시간을 예측해 보면 아직 해가 중천에 떠 있는 정오쯤이다.

## 100세 인생시계로 본 나이 시간

| 현재 내 나이 | 100세 시대 시계 |
|:---:|:---:|
| 년생        세 | 시        분 |

# Chapter 02

# 현상 파악: 나의 경력 진단

# ① 비전(목표)이란 무엇인가

　내가 앞으로 무엇을 하고 싶은지 목표를 찾기 위해서는 먼저 비전에 대하여 이해해야 한다. 비전의 사전적 의미는 내다보이는 장래의 상황이다. 즉 개인이 미래에 마땅히 되어야 할 모습이자 미래에 그 모습에 이르기 위한 시나리오로서 구체적인 계획을 포함하고 있는 내용이다. 쉽게 말하자면, 비전이란 '꿈'을 좀더 구체화시키고 계획화한 것이다. 내가 미래에 되었으면 하는 꿈을 구체화시켜, 완성된 모습을 생각하면 가슴이 뜨거워지고 벅차오르며 나에게 열정을 주는 원동력 바로 그것이다. 우리가 찾고자 하는 올바른 개인 비전에 대한 특성은 아래와 같다.

〈개인 비전에 대한 특성〉
## 1) 시대와 조화를 이룬다.
　현재의 상황과 일관성을 가지며 미래에 무엇을 달성할 수 있는지에 대하여 실현가능성 평가를 내려준다.

## 2) 목적과 방향을 명료하게 해준다.
　개인이 추구하고자 하는 목적을 정확하고 간결하게 규정해준다. 이는 좋은 미래에 대한 희망과 전망을 유지 시켜주는 기능을 가진다.

### 3) 탁월성에 대한 기준을 제시한다.

개인을 더욱 강하게 하고 책임감이 있는 사람으로 만든다.

### 4) 매우 명확하게 표현되며 쉽게 이해된다.

매우 명확하기 때문에 행동의 지침이 되기에 충분하며 비전을 실현하고자 노력하는 이들에게 내면화될 수 있다.

### 5) 개인의 독특성, 능력, 대의 명분, 성취할 수 있는 것을 보여준다.

큰 뜻을 지녀 개인의 현재와 미래를 연결시켜준다.

이러한 특성을 내 삶에 적용하여 퇴직 후에는 내가 정말 하고 싶었던 것, 그리고 잘할 수 있겠다고 생각하는 것을 업(業)으로 구체화시켜서 남은 인생을 살아보는 것은 어떨까?

이제는 우리 인생의 제3막과 4막을 잘 준비하기 위해 나 자신과 진실된 대화를 해보자. 퇴직 이후를 준비하는 구체적인 방법을 찾을 수 있어서 오히려 퇴직이 기다려질 것이다.

## 2 직장인의 비전탐색
### 프로세스 1단계

비전탐색 프로세스[그림 14]는 아래와 같이 현상파악, 탐색, 수렴, 계획의 4단계로 구성된다. '현상파악' 단계에서는 나 자신과 주변의 환경을 파악하고 나의 현재 경력을 진단한다. '탐색' 단계에서는 앞서 파악한 정보들을 활용하여 내가 실제 어떤 길로 갈 수 있을지 탐구해 본다. '수렴' 단계에서는 구체적인 경로설정의 가이드를 잡는다. 마지막 '계획' 단계에서는 퇴직 후의 세부적인 계획을 세우고, 새로운 에너지를 만들면서 경력설계를 마무리한다.

먼저 비전탐색 프로세스 1단계인 현상파악 단계에서는 나와 주변의 환경 변화를 이해하고, 가족 미래시간표를 작성하며, 나의 현재 경력을 분석한다.

[그림 14] 비전탐색 프로세스

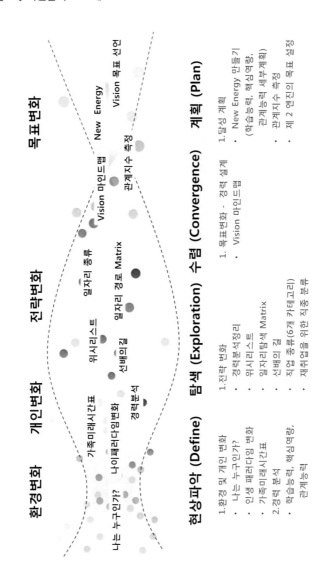

현상파악 (Define)　탐색 (Exploration)　수렴 (Convergence)　계획 (Plan)

1. 환경 및 개인 변화
  - 나는 누구인가?
  - 인생 패러다임의 변화
  - 가족미래시간표
2. 경력 분석
  - 학습능력, 핵심역량,
    관계능력

1. 전략 변화
  - 경력분석정리
  - 위시리스트
  - 일자리탐색 Matrix
  - 선배의 길
  - 직업 종류(6개 카테고리)
  - 재취업을 위한 직종 분류

1. 목표변화 - 경력 설계
  - Vision 마인드맵

1. 달성 계획
  - New Energy 만들기
    (학습능력, 핵심역량,
    관계능력 세부계획)
  - 관계지수 측정
  - 제 2 엔진의 목표 설정

## 1)환경 변화: 내 주변 환경의 변화를 인식하기

나는 먼저 시대적 흐름에 따른 주변 환경의 변화를 인식해야 한다. 공자 시대의 나이에 대한 인생관에서 벗어나, 인생 100세 시대의 패러다임 변화를 인식하는 것이 중요하다. 그리고 경제적, 사회적 메가트렌드를 이해해야 한다. 디지털혁명에 따른 4차 산업 혁명과 정치, 경제, 사회, 문화 등 나를 둘러싼 새로운 환경이 어떻게 변화되는지 확인하는 과정이다.

## ① 디지털 시대

인류의 역사는 도구 발명과 밀접한 관계가 있다. 3만5,000년 전 청동기시대와 3,200년 전 철기시대를 통하여 채집활동에서 농경생활로 정착하는 농업 혁명이 일어났으며, 1770년대 기계 도구의 대표인 증기기관의 발명으로 산업혁명이 일어나 인류에 많은 이익을 가져다주었다. 그리고 1990년대 후반 컴퓨터를 기반으로 한 인터넷 등 전자 도구의 발명은 제3의 디지털 혁명을 일으켜 많은 생활 패턴의 변화를 가져왔다. 특히 아날로그 시대에서, 1990년대 초 정보통신의 발달과 함께 1990대 말 본격적인 디지털 시대로 세상이 크게 변하였다. 그리고 2007년 애플의 스마트 폰 발표와 함께 내 손 안에서 컴퓨팅과 네트워킹이 가능해지면서, 다양한 기술융합의 서막이 열렸고 지능 기반의 사회가 가속화되고 있다.

먼저 아날로그 시대의 경제적 특성을 알아보자. 아날로그는 시시각각 연속적으로 변화하는 것으로 자연현상의 크기 또는 신호의 크기(전압, 소리, 속도 등)가 선형성의 연속성을 가진다. 예를 들면 숫자 93, 94, 95, … 99 등 다음 숫자 예측이 가능하다. 따라서 경제 환경 변화 규모가 예측 가능하고, 범위의 경제, 양 중심, 조직력 중시 경제, 실물 재화 중심 경제, 공급자 패권 시대인 특징을 가진다.

[그림 15] 아날로그와 디지털

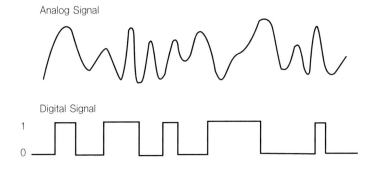

Analog Signal

Digital Signal

1

0

다음으로 세상 변화의 근본이 된 디지털 시대의 경제적 특성을 알아보자. 디지털은 0과 1로 이루어진 이진법 논리를 사용해서 0과 1의 각종 조합을 만든 후, 조작과 처리를 통해 여러 가지 정보를 생산·유통·전달할 수 있도록 만든다. 즉 디지털시대의 특징은 불연속적이고 불규칙한 경제 환경, 승자 독식이 가속화되는 경제,

질 중심, 창의력 중심의 경제, 사이버 공간에서의 가상 재화 활성화, 소비자 패권시대 등이다. 그리고 이러한 디지털 시대의 발전으로, 우리는 누구도 미래를 속단하지 못하는 VOCA시대에 살고 있고 직업 또한 빠르게 변화하고 있다. VOCA는 변동성(Volatility): 변화의 속도가 빠르고 다양하게 전개될 것이며, 불확실성(Uncertainty): 미래 상황에 변수가 많아 예측하기 어려울 것이고, 복잡성(Complexity): 인과관계가 단순하지 않고 다양한 요인이 작용될 것이며, 모호성(Ambiguity): 뚜렷한 현상이 없어 판별하기 어려운 시대를 의미한다.

### ② 4차 산업혁명시대의 도래

1차 산업혁명(증기기관 기반의 기계화 혁명), 2차 산업혁명(전기 에너지 기반의 대량 생산 혁명), 3차 산업혁명(컴퓨터와 인터넷 기반의 지식 정보혁명)에 이어 지능과 정보 기술을 기반으로 하는 4차 산업혁명이 일어나고 있다.

[그림 16] 제4차 산업혁명

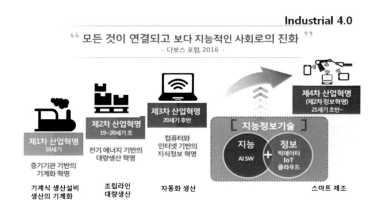

출처: 미래창조과학부

4차 산업혁명은 세상의 모든 것이 인터넷상에서 연결되고, 세상의 모든 데이터가 공유/활용/연결되는 혁명이다. 2016 다보스 포럼에서 클라우스 슈밥 세계경제포럼 회장은 "우리는 지금까지 살아왔고 일하고 있던 삶의 방식을 뿌리부터 바꿀 기술혁명 직전에

와 있다"고 말했다. 즉 4차 산업혁명의 특징은 물리, 디지털, 바이오 영역 간의 경계를 흐리게 하는 기술융합이라고 할 수 있다. 물리기술혁명으로 로봇/자율 주행차/3D프린팅기술이 발전되고, 디지털 기술혁명으로 IOT(Internet of Things)/디지털 플랫폼이 확장되며 바이오 발전을 통해 유전공학과 뇌 과학 분야 연구가 활발해진다. 특히 5G혁신 네트워크와 ICT(Information and Communication Technology)가 융합하여 산업 패러다임을 변화시키는, 새로운 세상이 도래한 것이다.

> 정부에서는 2017년에 혁신성장을 위한 사람 중심의 4차 산업혁명 대응계획에 대해 발표했다. 지능화 기반으로 산업의 생산성과 글로벌 경쟁력을 제고하고, 고질적인 사회 문제 해결을 통해 삶의 질을 높임과 동시에 성장동력으로 연결한다는 계획이다.

**표 3** 우리나라 4차산업혁명 대응계획

| 항목 | 세부계획 |
|---|---|
| 의료 | 진료정보 전자교류 전국확대, 맞춤형 정밀진단·치료 확산, AI 기반 신약개발 혁신 |
| 스마트시티 | 지속 가능한 스마트시티 모델 구현, 자율제어 기반 지능형 스마트홈 확산 |
| 제조 | 최적화 단계 스마트공장 확산, 지능형 협동로봇 개발, 제조 서비스화 |
| 교통 | 지능형 신호등 확산, 교통사고 위험 예측·예보 서비스 고도화 |
| 이동체 | 고속도로 자율차 상용화, 산업용 드론 육성, 자율운항선박 도입 |
| 복지 | 간병·간호 지원 로봇 도입, 노인치매 생활보조 혁신 |

| 에너지 | 전력효율화 스마트그리드 전국 확산, 온실가스 저감 고효율화 기술 개발 |
| --- | --- |
| 환경 | 미세먼지 정밀대응, 수질 최적관리 스마트 상하수도 확산, IoT 활용 환경감시 |
| 금융, 물류 | 핀테크 활성화, 화물처리 자동화 스마트 물류센터 확산, 스마트항만 구축 |
| 안전 | 노후 시설물 관리 스마트화, 인공지능 기반 범죄분석, 최적안전 항로 지원 |
| 농수산업 | 정밀재배 2세대 스마트팜·양식장 확산, 파종·수확로봇 개발 |
| 국방 | 지능형 국방 경계감시 적용, 인공지능 기반 지능형 지휘체계 도입 |

21세기 산업 변화에 효과적으로 대응할 수 있는 신산업으로, 향후 미래를 주도할 것으로 예측되는 6개 분야의 산업은 아래와 같다.

1. IT(Information Technology, 정보기술)

   정보를 생성, 도출, 가공, 전송, 저장하는 모든 유통과정에서 필요한 기술(컴퓨터, 통신기술, 반도체 기술)

2. BT(Biology Technology, 생명공학기술)

   생명현상을 일으키는 생체나 생체유래물질 또는 생물학적 시스템을 이용하여 산업적으로 유용한 제품을 제조하거나 공정을 개선하기 위한 기술

3. NT(Nano Technology, 초밀나노기술)

   물질을 나노미터(10억 분의 1미터) 수준의 크기에서 조작·분석하고 이를 제어할 수 있는 과학기술

4. ET(Environment Technology, 환경공학기술)

   환경오염과 관련된 기술(환경기술, 청정기술, 에너지기술 및 해양환경

기술)

5. ST(Space Technology. 우주항공기술)

   위성체·발사체 등의 개발과 관련된 복합기술

6. CT(Culture Technology. 문화콘텐츠기술)

   디지털 미디어에 기반한 첨단문화예술산업을 발전시키기 위한
   기술

**표 4** 6T 산업 세부목록

### 1. IT 분야 세부기술 분류표

| | |
|---|---|
| 핵심부품 | 테라비트급 광통신 부품기술, 집적회로기술<br>차세대 디스플레이 기술, 고밀도 정보저장장치 기술,<br>기타 정보통신 부품기술 |
| 차세대 네트워크<br>기반 | 4세대 이동통신, 대용량 광전송 시스템기술<br>고속인터넷 네트워킹기술, 기타 네트워크기술 |
| 정보처리 시스템<br>및 S/W | 멀티미디어 단말기 및 운영체계기술, 정보보안 및 암호기술<br>전자상거래, 기술, 신호처리기술 (영상,음성처리,인식.합성)<br>정보검색 및 DB기술, 기타 정보처리시스템 및 S/W 기술 |
| 기타 정보기술 | 기타 정보기술 |

### 2. BT 분야 세부기술 분류표

| | |
|---|---|
| 기초.<br>기반기술 | 유전체기반, 기술, 단백질체, 연구, 생물정보학, 생명현상 및 기능연구<br>뇌신경과학, 연구, 생물공정 기술, 생명공학 산물 안전성 및<br>유효성 평가기술, 바이오칩 개발기술, 기타 기초.기반기술 |
| 보건의료<br>관련응용 | 바이오 신약, 개발기술, 난치성 질환, 치료기술<br>생체조직 재생기술, 유전자 치료기술<br>기능성 바이오 소재 기반기술, 한방응용기술<br>의과학.의공학 기술, 식품생명공학기술<br>기타 보건의료, 관련 응용기술 |
| 농업.해양.<br>환경관련 응용 | 유전자 변형 생물체 개발기술, 농업.해양 생물자원의 보존 및 이용기술<br>동식물 병해충 제어기술, 환경 생명공학기술<br>기타 농업.해양.환경, 응용기술 |

### 3. NT 분야 세부기술 분류표

| | |
|---|---|
| 나노소자 및<br>시스템 | 나노전자, 소자기술, 나노정보, 저장기술, 가변 파장 광소자기술<br>나노 photonics기술, 기타 나노소자 및 시스템기술 |
| 나노소재 | 나노소재기술(나노분말소재, 광학용 나노소재,<br>고기능 시너지 소재, 촉매.환경.기능소재에 중점), 기타 나노소재기술 |
| 나노 바이오<br>보건 | 나노 바이오 물질 합성 및 분석기술<br>의약 약물전달 시스템, 기타 나노바이오보건기술 |

| 나노기반 공정 | 원자.분자 레벨 물질 조작기술, 나노 측정기술(100nm 이하)<br>나노모사기술, 계면 혹은 표면의 나노구조화기술<br>나노 신기능 분자합성기술, 나노패터닝 공정기술<br>나노화학 공정기술, 기타 나노기반 공정기술 |
|---|---|

## 4. ST 분야 세부기술 분류표

| 위성기술 | 위성설계 및 개발기술, 위성관제기술<br>차세대 통신위성 탑재체기술, 기타 위성기술 |
|---|---|
| 발사체<br>기술 | 로켓추진, 기관기술, 소형위성 발사체개발기술<br>발사운용, 통제 및 관제기술, 기타 발사체기술 |
| 항공기<br>기술 | 항공기 체계종합 및 비행성능기반기술, 지능형 자율비행 무인비행기기<br>시스템(UAV)기술, 다목적 헬리콥터기술개발, 기타 항공기기술 |
| 기타 | 기타 우주항공기술 |

## 5. ET 분야 세부기술 분류표

| 환경기반 | 대기오염물질 저감 및 제거기술<br>자연환경 .오염토양. 지하수의 정화. 복원기술<br>수질오염처리 및 재이용기술, 폐기물 처리 및 활용기술<br>환경관리.정보 및 시스템기술, 기타 환경기반기술 |
|---|---|
| 에너지 | 에너지소재 기술, 미활용 에너지 이용기술<br>고효율 반응분리공정 기술, 연료전지기술<br>수소생산 이용기술, 바이오에너지 기술<br>에너지저장 이용기술, 기타 에너지기술 |
| 청정생산 | 청정원천공정기술, 환경친화형소재(Eco-material) 개발기술<br>유해성 원부재료 대체기술, 공정내재자원화(Internal Recycle)기술<br>기타 청정생산기술 |
| 해양환경 | 해양환경 관리기술. 연안생태계 복원기술, 기타 해양환경기술 |

## 6. CT 분야 세부기술 분류표

| 문화<br>콘텐츠 | 가상현실 및 인공지능 응용기술, 디지털영상.음향 및 디자인기술<br>디지털 콘텐츠 저작도구, 게임엔진 제작 및 기반기술<br>기타 문화콘텐츠기술 |
|---|---|
| 생활문화<br>(사이버 커뮤니<br>케이션 ) | 사이버 커뮤니케이션 기술, 인터엑티브 미디어기술<br>제품디자인기술, 기타 생활문화기술 |
| 문화유산 | 문화원형 복원기술, 기타 문화유산기술 |

직장인이여 제2의 엔진을 돌려라

## 2) 개인 변화: 나와 나의 일을 돌아보자

퇴직 후 새로운 일을 찾아 수입 공백기를 극복하려면 가장 먼저 해야 할 것이 무엇일까? '지피지기면 백전백승'이라고 했다. 바로 지금까지 달려온 내 자신을 돌아보는 것이다. 지금까지 살아오면서 나에 대해 깊이 생각해 본 적이 있는가?

나를 돌아보는 첫 작업으로, 나의 직업/직책/맡고 있는 업무, 자산, 그동안 향상시켜 온 개인 역량 등 현 위치를 파악하고 10년 후 나를 둘러싼 경제적, 사회적 환경이 어떻게 변화할지 거시적으로 예상해 본다. 앞으로 구체적 목표를 설명하기에 앞서 [워크시트 2]의 질문에 최대한 상세히 답하여 나 자신을 객관적으로 진단해 보자.

# 나는 누구인가

| | |
|---|---|
| 이름 | |
| 나이 | |
| 가족현황 | |
| 나의 직업 / 직책 / 맡고 있는 업무 | |
| 종교 | |
| 취미 | |
| 특기 | |
| 현재 재산(대략) | 동산:          부동산: |
| 가장 잘하는 것 (일, 취미) | |
| 10년 후 주변 환경의 경제적, 사회적 변화를 예상한다면? | |
| 기타 | |

위에서 작성한 내용 이외에도 내가 쓰고 싶은 나의 모습에 대해서 얼마든지 추가해도 좋다. 간단히 자신에 대한 점검을 하였다면, 현재와 향후의 일에 대해 5W1H로 질문해 보자. 우리의 목표는 퇴직 후 내가 어떤 일을 하고 싶은지를 탐구하는 것이므로, 내가 지금 하고 있는 일을 돌아보는 작업은 상당히 의미가 있다.

내가 하고 있는 일은 무엇인가? 왜 현재의 일을 선택했는가? 언제부터 이 일을 했는가? 나는 한마디로 어떤 분야의 전문가인가? 어느 직장(단체, 부서)에서 일하고 있는가? 미래를 위해서 어떻게 준비하며 일해 왔는가?의 질문을 통하여 내가 현재 어떤 일을 하고 있는지, 미래를 위해 어떤 업무적 준비를 하였는지 알 수 있는 작업이다.

# 나의 현재와 미래의 일 진단

| 5W1H | 질문 | 내용 |
|------|------|------|
| What | 내가 하고 있는 일은 무엇인가? (최근 5년 주요 업무 중심) | |
| Why | 왜 현재의 일을 선택했는가? | |
| When | 언제부터 이 일을 했는가? (시작 시기) | |
| Who | 나는 한마디로 어떤 분야의 전문가인가? | |
| Where | 어느 직장(단체, 부서)에서 일하고 있는가? | |
| How | 미래를 위해서 어떻게 준비하며 일해 왔는가? (준비된 것이 있다면 무엇인가?) | |

## 3) 나와 가족의 미래 시간표

나와 가족의 미래에 발생할 중요한 일들을 예측해보기 위하여 나와 가족의 미래 시간표를 만들어 보자. 큰 틀에서 향후 5년, 10년, 20년, 30년 정도 나와 가족, 부모들의 미래에 발생할 상황을 예측해 보는 것이다.

김 차장과 가족 미래 시간표(2년 기준) [표 5]의 예시 사례를 참고하며 나와 가족의 미래시간표를 작성해 보자.

**표 5** 김 차장의 가족 미래 시간표(2년 기준) -예시

| 년도 | 2018 | 2020 | 2022 | 2026 | 2028 | 2030 | 2032 | 2036 | 2038 |
|---|---|---|---|---|---|---|---|---|---|
| 본인 | 45세 | 47세 | 49세 | 53세 | 55세 | 57세 | 59세 | 63세 | 65세 |
| 예상 상황 | 차장 | | 부장 | 임금피크 | 퇴직 예상 | 재취업 | | | 국민연금 |
| 아내 | 43세 | 45세 | 47세 | 51세 | 53세 | 55세 | 57세 | 61세 | 63세 |
| 예상 상황 | 주부 | | | | | | | | |
| 첫째 자녀 | 13세 | 15세 | 17세 | 21세 | 23세 | 25세 | 27세 | 31세 | 33세 |
| 예상 상황 | 초6 | | 고1 | 대2 | 군대 입대 | | 대졸 | 결혼 | |
| 둘째 자녀 | 10세 | 12세 | 14세 | 18세 | 20세 | 22세 | 24세 | 28세 | 30세 |
| 예상 상황 | 초3 | | 중1 | 고2 | 대입 | | 대졸 | 결혼 | |
| 부 | 75세 | 77세 | 79세 | 83세 | 85세 | 87세 | 89세 | 93세 | 95세 |
| 모 | 71세 | 73세 | 75세 | 79세 | 81세 | 83세 | 85세 | 89세 | 91세 |
| 장인 | 70세 | 72세 | 74세 | 78세 | 80세 | 82세 | 84세 | 88세 | 90세 |
| 장모 | 68세 | 70세 | 72세 | 76세 | 78세 | 80세 | 82세 | 86세 | 88세 |

김 차장은 올해 45세이다. 2022년에 부장 진급이 예정되어 있고, 2026년 임금 피크를 맞이한다. 2028년 자의 반 타의 반으로 퇴직이 예상되고 퇴직 후 재취업을 원한다. 김 차장의 국민연금 개시는 65세가 되는 2038년이다. 아내는 김 차장과 2년 나이 차가 나며 전업주부이다. 자녀는 2명으로, 첫째 아들은 올해 초등학교 6학년이며 대학입학 후 입대까지 고려하면 김 차장이 퇴직 후 59세가 되는 해에 대학을 졸업할 것으로 예상된다. 둘째 딸은 올해 10세로 초등학교 3학년이며 2028년 김 차장의 나이가 53세에 대학에 진학하면 김 차장이 60세경에 취업이 예상된다. 따라서 퇴직 전후까지는 자녀 교육비가 계속 지출될 것이다. 김 차장이 55세가 되면 아버지는 85세, 59세에 어머니는 85세가 된다. 장인은 김 차장이 60세에 85세가 되고, 장모는 62세에 85세가 되기 때문에, 김 차장이 약 60세가 되어도 일부는 부모님께 경제적인 지원을 해야 하는 책임을 가진다. 이렇듯 미래에 발생할 일들을 종합하여 보면, 60세 이후까지도 안정적인 일정 수입이 필요하다는 계산이 나오게 된다. 김 차장과 가족 미래 시간표를 참조하여 나와 우리 가족의 향후 20년 정도를 예측해 보자. 아래의 워크시트를 참고하고, 보다 구체적인 작성을 위하여 엑셀 사용을 추천한다. 작성 방법은 아래와 같다.

**[워크시트 4] 나와 가족의 미래 시간표 작성법**

① 첫 번째 행: 연도(1년 혹은 2년 주기로 작성)

② 두 번째 행: 본인 이름과 연도별 나이

③ 세 번째 행: 해당 연도에 예상되는 주요 상황(예: 정년퇴직)

④ 네 번째 행: 부인 이름과 연도별 나이

⑤ 다섯 번째 행: 해당 연도에 예상되는 주요 상황

⑥ 그 아래 행에는 자녀들의 연도별 나이와 주요 상황
   (예: 대졸, 취업, 결혼 등), 부모님, 장인어른 장모님의 연도별 연
   세를 기입한다.

# 나와 가족의 미래 시간표

| | 2018 | 2020 | 2022 | 2024 | 2026 | 2028 | 2030 | 2032 | 2034 |
|---|---|---|---|---|---|---|---|---|---|
| 본인 나이 | | | | | | | | | |
| 예상 상황 | | | | | | | | | |
| 아내 나이 | | | | | | | | | |
| 예상 상황 | | | | | | | | | |
| 첫째 자녀 | | | | | | | | | |
| 예상 상황 | | | | | | | | | |
| 둘째 자녀 | | | | | | | | | |
| 예상 상황 | | | | | | | | | |
| 부 | | | | | | | | | |
| 모 | | | | | | | | | |
| 장인 | | | | | | | | | |
| 장모 | | | | | | | | | |

## 4) 나의 경력 진단 - 학습능력, 핵심역량, 관계능력

경력이란 무엇인가? 사전적 해석으로 경력이란 한 개인의 평생을 걸친 직업 혹은 직무 관련 경험으로서 개인의 직업 발달과 그 과정을 가리키는 포괄적인 용어이다. 경력은 개인이 몰입하는 대상이 되는 특정 전문영역 또는 직종을 의미하는 동시에, 개인이 직장에서 겪게 되는 동일한 혹은 상이한 일의 경험, 일에 대한 전문성 또는 장기간 수행한 일의 과정 등을 모두 포괄하는 개념이다. 앞으로 직장인의 인생 3막을 준비하는 과정에서 필요한 경력 개발의 3영역을 재정의하면 아래와 같다. 첫째, 배움을 통해 인정된 학습능력, 둘째, 일을 수행할 수 있는 핵심역량, 셋째, 사회적 네트워크와 관련된 관계능력으로 분류한다.

[그림 17] 경력 개발의 3영역

먼저 학습능력이란, 지금까지 지니고 있는 학습의 이력, 즉 도구 사용 능력이다. 배움을 통해 얻은 것으로 외국어능력, 전문 자격증, 학력 등 공식적으로 인정된 자격을 말한다. 지금 내가 가지고 있는 학습적인 능력은 어느 정도인가? 영어, 중국어, 일본어나 다른 외국어로 업무 가능한 언어가 있는가? 그리고 전문성을 나타낼 자격증은 보유하고 있는가? 대학 졸업 후 전문성 개발을 위한 학위 등은 더 발전시켰는가? 사회는 전문가를 원하고 있는데, 나는 어떻게 준비하고 있는가? 내가 잘하는 여러 분야를 객관화, 수치화 시켜 보고, 부족하다면 보완을 해 나가야 한다.

다음으로 핵심역량이란 다른 사람의 도움 없이 스스로 할 수 있는 전문성, 즉 차별화 업무 능력이다. 해당 분야에서 본인 스스로 일을 수행할 수 있는 전문적 지식과 경험을 객관화할 수 있는 능력을 말하는 것이다. 나도 직장에 몸담고 있을 때는 조직을 통해 여러 사람들과 함께 일을 했을 것이다. 함께 회의를 하고 아이디어를 내고 보고서를 작성했다. 많은 일들이 회사의 시스템 안에서 수행되었다. 그렇다면 직장 생활 수십 년을 하면서 누구의 도움 없이 오롯이 나 혼자 수행할 수 있는 일은 무엇인가? 한마디로 퇴직 후 이 업계에서 나만의 강점은 무엇인지 정확히 진단해야 한다. 누군가 나의 전문분야는 무엇인가 질문했을 때, 나는 무슨 분야의 전문가라고 한 마디로 이야기할 수가 있어야 한다. 그리고 그

것에 대해 구체적이며 객관적인 증명이 가능해야 한다.

관계능력이란 동문회, 직장모임, 취미 활동, 연구회 참여 등 사회적 능력 즉 네트워크에 관련된 개인의 능력이다. 모든 일은 사람을 통해서 시작되고 사람으로 끝난다. 중국 사람들이 일을 할 때 가장 중요하게 생각하는 것도 '关系[guānxi]/관계'로, 이는 모든 나라에 동일하게 적용되는 진리 중 하나이다. 그동안 거쳐온 직장 내에서, 혹은 직장 외 활동이나 주변 사람들과의 관계를 살펴보자. 나의 인생 발전을 위한 생산적인 관계는 얼마나 만들어 왔는가? 특히 퇴직 후 새로운 회사에 재취업하거나, 신사업을 시작할 때 주변 협조자로부터 받는 도움이 가장 큰 자양분이 될 것이다. 이러한 경력의 개념이 정리되었다면, 경력 구성의 3영역에 대한 워크시트 작성을 통해 지금까지의 내 경력을 진단해 볼 차례이다.

먼저 아래 방법을 참고하여, 나의 학습 능력을 진단해 보자.

**[워크시트5] 학습능력 작성 방법**

① 학력: 학교, 전문기관 등 공식 기관 기준으로 학사, 석사, 박사, 전문기관 수료증 등

② 전공: 학사(예: 기계공학), 석사(예: 경영학), 박사(예: 산업공학) 등

③ 자격증, 인증서: 공식 기관에서 발행한 자격이나 인증서

④ 어학 능력: 구체화하여 작성

　　(예: 영어 이메일 가능, 토익 900점, 일어 일상회화 수준, 해외영업 가능 등)

⑤ 연수 파견 이력: 장기 연수나 해외파견 등

⑥ 기타 학습능력: 위 내용 이외에, 학습을 통한 도구 사용능력

# 나의 학습능력(도구 활용 능력)

| 분류 | 내용 | 비고 |
|---|---|---|
| 학력<br>(학교, 전문기관) | | ☆ |
| 전공 | | |
| 자격증, 인증서 | | ☆ |
| 어학 능력 | | ☆ |
| 연수 파견이력 | | |
| 기타 학습능력 | | |

※ 비고☆의 내용은 [워크시트 8] 경력분석 정리에 사용한다

다음은 일과 관련되어 내가 가지고 있는 전문성, 핵심역량을 진단할 차례이다. 다음 가이드를 참고하여 워크시트를 작성해 보자.

### [워크시트6] 핵심역량 작성 방법

① 업무가능 분야: 누구의 도움 없이 스스로 수행 가능한 업무

(예: 장치운영, 프로세스 개발, 인사, 조직설계 등)

② 수상경력: 일을 수행하면서 받은 상, 혹은 기타 활동에서 받은 상 등을 기입

(예: 2008년 사내 판매실적 연말 대상 수상, 2014년 전국 품질경영 분임조 대회 금상 수상)

③ 혁신적 업무 차별화 능력: 일을 수행하는 데 있어서, 본인만이 가지고 있는 차별화된 기술/방법/수단

(예: 원가절감 기법을 이용한 문제 해결능력, 영업 실적을 획기적으로 향상 가능한 프로세스)

④ 주요 업무이력: 입사 후 수행한 주요 업무 이력(연도별, 주요 업무내용, 주요실적 순으로 작성)

(예: 2010~2014년 00제품 개발, 매출 000억 원, 이익 000억 원)

⑤ 기타 업무능력: 업무 수행을 통해 가지고 있는 기타 능력

### 나의 핵심역량(업무 수행 능력)

| 분류 | 내용 | 비고 |
|---|---|---|
| 업무가능 분야 | | ☆ |
| 수상 경력 | | |
| 혁신적 업무차별화 능력 | | ☆ |
| 주요 업무이력 | | ☆ |
| 기타 업무능력 | | |

※ 비고☆의 내용은 [워크시트 8] 경력분석 정리에 사용한다.

다음으로 내가 지금까지 어떤 관계를 맺어왔는지 진단할 차례이다. 아래의 관계능력 작성방법을 참고하여 워크시트를 채워보자.

## [워크시트 7] 관계능력 작성 방법

아래의 9개 대분류로 나누어 기입한다. 내용에는 분류에 해당하는 주요 관계자나 모임의 이름을 기입한다.

① 가까운 친인척

② 직장과 관련된 모임이나 개별 인맥

   (현재 직장 혹은 이전에 근무했던 직장 포함)

③ 학교 관련 모임 관계자

   (초등학교, 중학교, 고등학교, 대학교 등 분리하여 작성)

④ 종교가 있다면 관련 모임이나 관련자

⑤ 취미/동호회 등의 모임이나 관련자

⑥ 업무적 단체 등과 관련된 모임이나 관련자

⑦ 해외에 있는 모임이나 관련자

⑧ 고객이나 다른 다양한 곳에서 관계를 맺고 있는 관련자

⑨ 기타

WORKSHEET **7**

## 나의 관계능력(인간관계/네트워킹)

| 분류 | 내용 | 비고 |
|---|---|---|
| 가족/친척 | | |
| 직장 | | |
| 학교 | | |
| 종교 | | |
| 취미/동호회 | | |
| 업무적 단체 등 | | |
| 해외 | | |
| 거래처/고객 | | ☆ |
| 기타 | | |

※ 비고☆의 내용은 [워크시트 8] 나의 경력분석 정리에 사용한다.

자신의 직장 경력을 3가지로 나누어서 진단해 보니, 그동안 내가 어떤 일을 하였고 어떤 도구 활용능력을 가지고 있는지, 관계능력은 어느 정도인지를 파악해 볼 수 있었다.

　지금까지 만들어 온 역량으로 더 나은 직장으로 이동이 쉽게 가능하다면, 나는 잘 준비된 사람이다. 하지만 내용을 정리해 보니 막막하거나 부족한 부분도 있을 것으로 예상된다. 아직 실망은 이르다.

# Chapter 03

# 탐색: 일자리 경로 매트릭스

# ① 직장인의 비전탐색
## 프로세스 2단계

비전(목표)의 개념은 알았지만, 쉽게 찾지 못하고 추상적이라는 것에 공감한다. 내가 퇴직 후 하고자 하는 것을 찾기 위해서는 먼저 지금까지 해왔던 경력을 분석해야 한다. 현재까지 축적한 에너지를 인생 3막에 활용하는 것이 가장 효율적이다. 인생 3막의 목표(비전)를 탐색하기 위하여 현재의 경력을 분석 정리하고, 위시리스트 만들어 보고, 내가 하고 싶은 것, 잘하고 좋아하는 것 등을 찾아내야 한다. 그다음 선배들이 먼저 갔던 길을 참고하여 일자리 경로 매트릭스를 작성하여 향후 할 수 있는 일을 탐색한다.

## 1) 경력분석 정리

먼저 나의 경력을 분석 정리한다. 내가 앞으로 무엇을 할 수 있을지 탐색하려면 내가 지금 어떤 역량을 가지고 있는지 요약 정리하는 작업이 필요하다. 추가로 필요한 항목을 넣어도 된다.

[워크시트 8] 나의 경력분석 정리 작성 방법

① 앞선 [워크시트 5], [워크시트 6], [워크시트 7]에서 파악한 학습능력과 핵심역량, 관계능력의 내용을 그대로 활용한다.
② [워크시트 5], [워크시트 6], [워크시트 7] 의 비고란에 '☆'이라고 적힌 항목을 확인한다. 중요하게 생각하는 내용이 있으면 추가적으로 기입한다.
③ 이에 해당하는 세부 내용을 학습능력, 핵심역량, 관계능력으로 나누어 기입한다.
④ [워크시트 7]의 관계능력은 비고의 '☆' 가 일과 관련된 항목에 표시되어 있다. 가족, 학교, 동호회 등 내가 퇴직 후와 관련되어 중요하게 생각하는 관계가 있다면 추가적으로 기입한다.

# 나의 경력분석 정리

| 분류 | 내용 | 비고 |
|---|---|---|
| 학력, 전문기관 | | 학습능력 |
| 자격증, 인증서 | | 학습능력 |
| 어학 능력 | | 학습능력 |
| 업무가능 분야 | | 핵심역량 |
| 혁신적 업무차별화 능력 | | 핵심역량 |
| 주요 업무이력<br>(5개 이하) | | 핵심역량 |
| 주요 관계능력 | | 관계능력 |
| 거래처/ 고객 | | 관계능력 |
| 기타 | | |

## 2) 위시리스트 작성

미래에 대한 두려움과 고민, 막막함에 대한 답을 찾기 위한 두 번째 단계는 위시리스트 작성이다. 내가 남은 인생에 하고 싶은 것, 되고 싶은 것, 가지고 싶은 것을 현재의 상황/경제적 조건/기타 요소 등을 배제하고 모두 적어보자. 인생의 동반자인 부인의 생각도 함께 작성하는 것을 추천한다. 우리 가족의 행복이 곧 나의 행복이며, 앞으로 남은 생을 함께 살아가야 할 동반자와 함께 새로운 인생계획을 세울 수 있다면 이 작업은 더욱 의미 있다. 위시리스트 항목을 발상함에 있어서 중요한 포인트는 다른 어떤 조건에 제한받지 않고 작성하는 것이다. 진정으로 내가 원하고 있는 것과 나의 내면에 잠재되어 있는 암묵지를 형식지로 바꾸어야 한다. 자유롭게 작성해 보면 그것을 이루기 위해 나는 어떤 길을 가야 할지, 어떤 것들을 준비해야 할지를 계획할 수 있는 하나의 실마리를 찾을 수 있을 것이다.

**표 6** 위시리스트 예시

| No | ① 카테고리 | ② 항목 | ③ 상세 내용 | ④ 목표년도 (나이) | ⑤비고 |
|----|-----------|--------|-------------|------------------|-------|
| 1 | 일 | 가치 연구소 설립 | 가치 관련 연구, 강의 등 | 2030년 (58세) | ☆ |
| 2 | 일 | 5권의 책 출판 | 60세 전 2권 출판 | 2032년 (60세) | ☆ |
| 3 | 일 | 중국어 공부 | 비즈니스 가능한 수준 | 2022년 (50세) | ☆ |
| 4 | 여행 | 아내와 50개국 여행 | 현재 15개국 여행 | 2027년 (55세) | |
| 5 | 취미 | 악기 1가지 마스터 | 색소폰 자유연주 10곡 | 2030년 (58세) | |
| 6 | 취미 | 가족 작은 오케스트라 | 함께 연주 | 2022년 (50세) | |

※ 비고'☆'의 내용은 [워크시트 14] 일자리 경로 매트릭스에 사용한다.

## [워크시트 9] 위시리스트 작성 방법

① 카테고리: 각 위시리스트를 다음의 5가지 카테고리로 구분하여 발상하고 기입한다.

① 가족, 건강, 종교 ② 일, 직장, 직업 ③ 취미, 여행, 봉사, 친구 ④ 재테크 ⑤ 기타 등

② 항목: 분류한 카테고리를 토대로, 생각나는 위시리스트 내용을 자유롭게 기입한다.

③ 상세 내용: 항목을 더 구체적으로 기입하되, 목표 내용을 계수화하여 되도록 숫자로 자세하게 기입한다.

④ 목표년도(나이): 달성 목표년도와 나이를 기입한다.

⑤ 비고: 일, 직장, 직업에 관련된 내용에는 '☆'을 기입한다. [워크시트 14] 일자리 경로 매트릭스에 사용할 예정이다.

# 나의 위시리스트

| No | ① 카테고리 | ② 항목 | ③ 상세 내용 | ④ 목표년도, 나이 | ⑤ 비고 |
|---|---|---|---|---|---|
| | | | | | |
| | | | | | |
| | | | | | |
| | | | | | |
| | | | | | |
| | | | | | |
| | | | | | |
| | | | | | |
| | | | | | |
| | | | | | |
| | | | | | |
| | | | | | |
| | | | | | |
| | | | | | |

### 3) 내가 잘하고 좋아하는 일 탐색

다음은 내가 잘하고 좋아하는 것을 자유롭게 써 볼 차례이다. 많은 사람들이 자신이 잘하는 것을 찾기보다는 잘 못하는 것을 보완하려는 노력을 해왔을 것이라 생각한다. 본인이 잘하고 있는 부분은 더욱 발전시키자. 이러한 장점을 퇴직 후 하고자 하는 일과 연결해도 좋다. 내가 잘하고 좋아하는 일이라면 더욱 동기부여가 되고 하고자 하는 열정이 생길 것이다. 이를 위하여 내가 잘하는 것, 내가 좋아하는 것, 주변에서 잘한다고 하는 것, 성공의 체험 등을 자유롭게 적어 보자.

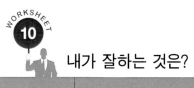

# 내가 잘하는 것은?

| 내가 잘하는 것 | 상세 내용 | 비 고 |
|---|---|---|
|  |  |  |
|  |  |  |
|  |  |  |
|  |  |  |
|  |  |  |
|  |  |  |
|  |  |  |
|  |  |  |
|  |  |  |
|  |  |  |

# 내가 좋아하는 것은?

| 내가 좋아하는 것 | 상세 내용 | 비 고 |
|---|---|---|
|  |  |  |
|  |  |  |
|  |  |  |
|  |  |  |
|  |  |  |
|  |  |  |
|  |  |  |
|  |  |  |
|  |  |  |
|  |  |  |

# 주변에서 잘한다고 하는 것은?

| 동료나 선후배, 친구, 가족이 잘한다고 하는 것 | 상세 내용 | 비 고 |
|---|---|---|
| | | |
| | | |
| | | |
| | | |
| | | |
| | | |
| | | |
| | | |
| | | |
| | | |
| | | |

# 성공했던/자랑스러웠던 경험

| 성공했던 경험<br>자랑스러운 경험 | 상세 내용 | 비 고 |
|---|---|---|
|  |  |  |
|  |  |  |
|  |  |  |
|  |  |  |
|  |  |  |
|  |  |  |
|  |  |  |
|  |  |  |
|  |  |  |
|  |  |  |
|  |  |  |

## 4) 퇴직 예정 직장인의 일자리 경로 매트릭스

일자리 경로 매트릭스에는 [워크시트 8]의 주요 경력사항, [워크시트 9]의 위시리스트, [워크시트 10]~[워크시트 13]의 내가 좋아하는 것/잘하는 것/성공경험의 세부내용을 다시 사용한다. 해당 워크시트의 내용들을 선배들의 퇴직 후 일자리와 연결해 점수를 매겨서, 내가 앞으로 어떤 일을 할 가능성이 큰지 알아보는 작업이다.

일자리 경로는 크게 재취업, 개인사업, 귀농/귀촌, 강의/컨설팅, 사회봉사/복지, 해외취업, 기타로 분류하였다. 먼저 다음의 예시를 참고하자.

**표 7** 일자리 경로 매트릭스 예시

| No | 항목 | 내용 | 재취업 | 개인 사업 | 귀농 귀촌 | 봉사 복지 | 강의, 컨설팅 | 해외 취업 |
|---|---|---|---|---|---|---|---|---|
| 1 | 학력 | A대 경영학과 | 1 | | | | 1 | |
| 2 | 자격증 | 경영지도사 | 1 | | | | 3 | |
| 3 | 어학 능력 | 토익 800 | 5 | 5 | | | 3 | 5 |
| 4 | 업무가능 분야 | 원가혁신 15년 경력 | | | | | 3 | |
| 5 | 업무차별화 능력 | 인사총무, 조직설계7년 | | | | | 3 | |
| 6 | 주요 업무이력 | 제품기획10년 | | | | | | |
| 7 | 주요 관계능력 | 총무부 모임 | 3 | | | | | |
| 8 | 주요 관계능력 | 대학선배 A | | 3 | | | | |
| 9 | 중국어 | 중국비즈가능 회화 | 3 | 5 | | | | 5 |
| 10 | 대학강의 | | | | | | 5 | |
| 11 | 5권의 책 출판 | | | 5 | | | 3 | |
| 12 | 잘하는 것 | 문서작업, 기획 | | 1 | | | | |
| 13 | 좋아하는 것 | 화초 키우기 | 1 | | 1 | | | 1 |
| 14 | 싱공경험 | 본사단체 활성화 | | 5 | 1 | 3 | 1 | |
| | 합계 점수 | | 14 | 24 | 2 | 3 | 22 | 11 |

위 예시를 살펴보면, 2번 자격증 항목의 '경영지도사 자격증'은 재취업에는 1점으로 도움이 되고, 강의/컨설팅에는 3점으로 도움이 된다고 기입하였다. 또한 4번 업무 가능 분야 항목의 '원가혁신 15년 경력'은 강의/컨설팅에만 3점으로 도움이 된다고 기입하고, 다른 일자리 분야로의 진출에는 도움이 되지 않는다고 생각하여 비워두었다. 그리고 8번 주요 관계능력에서 '대학선배 A'는 나의 개인사업에 3점의 도움을 줄 수 있을 것이라고 기입하였고, 9번의 '중국비즈가능 회화' 가능 실력인 것은 재취업에는 3점, 개인사업에는 5점, 해외취업에는 5점으로 도움이 될 것이라 생각하여 기입하였다. 이렇게 도움 정도에 따라 해당 항목을 1, 3, 5점 차등배점 후 세로로 합하여 보았더니 합계점수가 개인사업이 24점으로 1위, 강의 컨설팅이 22점으로 2위였다. 이는 내가 퇴직 후 개인사업이나 강의/컨설팅을 할 수 있을 가능성이 제일 높은 것을 의미한다. 반면 귀농/귀촌은 2점, 사회봉사/복지는 3점으로 점수가 낮아, 내가 해당분야로 진출하기에는 어려움이 있다는 결과를 볼 수 있었다. 이제 아래 작성 방법을 꼼꼼히 참고하여 나의 일자리 경로 매트릭스를 자세하게 작성해 보자.

## [워크시트 14] 일자리 경로 매트릭스 작성 방법

① 경력분석에서 작성한 [워크시트 8] 경력분석 정리의 내용 중에서 학습능력, 핵심역량, 관계능력에 대한 부분을 나누어 세로축에 자세히 기입한다.

② [워크시트 9] 위시리스트 중에서는 일과 직업에 관련된 내용 위주로 세로축에 자세히 기입한다.

③ [워크시트 10]~[워크시트 13]의 잘하는 것, 하고 싶은 것, 성공체험 등을 세로축에 차례로 자세히 기입한다.

④ 가로축은 수익과 연관될 일자리 경로이다. 재취업, 개인사업, 귀농/귀촌, 사회봉사/복지, 강의/컨설팅, 해외취업으로 분류하였다.

⑤ 세로축의 항목이 가로축의 일자리 경로 어떤 항목에 해당하는지 판단하여, 만나는 칸에 점수를 기입한다.

⑥ 가중치 배분기준은 향후 퇴직 후 일자리와의 관련성에 따라 1점(보통), 3점(조금 관련), 5점(많이 관련)으로 차등 기입한다. 관련이 없으면 비워둔다.

⑦ 세로로 숫자를 합하여 일자리 경로 합계 점수를 작성한다.

⑧ 합계점수가 높을수록, 내가 관심 있거나 잘할 수 있는 직종으로 추정할 수 있다.

⑨ 아래 워크시트를 엑셀 표를 만들어 최대한 자세히 작성하는 것도 좋은 방법이다.

WORKSHEET
14

# 일자리 경로 매트릭스

| No | 항목 | 내용 | 재취업 | 개인 사업 | 귀농 귀촌 | 봉사 복지 | 강의, 컨설팅 | 해외 취업 |
|----|------|------|--------|-----------|-----------|-----------|-------------|-----------|
|    | 학력,전공 |   |   |   |   |   |   |   |
|    |      |      |   |   |   |   |   |   |
|    | 자격증 |   |   |   |   |   |   |   |
|    |      |      |   |   |   |   |   |   |
|    | 어학능력 |   |   |   |   |   |   |   |
|    |      |      |   |   |   |   |   |   |
|    | 특별연수 |   |   |   |   |   |   |   |
|    | 전문분야 |   |   |   |   |   |   |   |
|    | 주요업무 |   |   |   |   |   |   |   |
|    | 잘하는 것 |   |   |   |   |   |   |   |
|    |      |      |   |   |   |   |   |   |
|    | 좋아하는 것 |   |   |   |   |   |   |   |
|    |      |      |   |   |   |   |   |   |
|    | 성공경험 |   |   |   |   |   |   |   |
|    |      |      |   |   |   |   |   |   |
|    | 위시리스트 중 일, 직업 관련 항목 |   |   |   |   |   |   |   |
|    |      |      |   |   |   |   |   |   |
|    |      |      |   |   |   |   |   |   |
|    |      |      |   |   |   |   |   |   |
|    | 합계 |   |   |   |   |   |   |   |

여기서 향후 해야 할 일에 대한 답이 정확하지 않아도 좋다. 퇴직 후 어떤 일을 할 수 있을까에 대한 어렴풋한 모습이라도 잡으면 성공이다.

위 일자리 경로 매트릭스에서 가장 높게 점수가 나온 항목은 무엇인가? 아래 워크시트에 1, 2위를 기입해 보자.

## 나의 퇴직 후 일자리 예상 경로

| 나의 퇴직 후<br>일자리 예상 경로 | 1.<br><br>2. |
|---|---|

## 5) 퇴직 후의 6가지 일자리 분야와 직업종류

나의 학교 선배, 회사 선배가 지금 어떤 일을 하는지 알고 있는가? 나의 미래 모습은 같은 회사에 다니던, 혹은 같은 공부를 하였던 선배들의 모습과 상당히 유사할 수 있다. 먼저 퇴직한 선배들이 지금 어디서 어떤 일을 하고 있는가? 가장 우선적으로 찾아봐야 하는 것이, 내가 알고 있는 동종업계 선배들이 무슨 일을 하고 있는가를 확인해 보는 것이다. 평소 연락을 하던 선배가 있다면 현업에 있을 때 찾아가서 조언을 구하자. 없다면 동문회나 회사 내 커뮤니티를 통해 충분히 알아볼 수 있는 방법이 있다. 평생 나와 비슷한 일을 해 온 사람이 나의 미래 모습에 상당히 가까울 수 있다는 것을 기억하자.

이제 본격적으로 내가 어떤 직업을 가질 수 있을지 구체적인 예시를 통해 알아볼 차례이다. 위의 탐색과정을 통하여 자신이 가야 할 큰 카테고리를 정하였다. 조금 더 구체적으로 진로를 탐색하기 위해 재취업, 개인사업/창업, 귀농/귀촌, 사회봉사/복지, 컨설팅/강의, 해외취업에는 어떤 일자리가 있는지 살펴보자.

## ① 재취업

### ● 현 직업과 미래직업의 연관도

'중장년 생애재설계 및 경력재개 방안보고서'를 통해 이전직업과 재취업 직업 간의 연관관계를 살펴보자. 아래 [그림 18]은 재취업 직종 분석(55~59세)으로, 퇴직 전후 일자리 분야의 연관성을 나타내고 있다.

[그림 18] 재취업 직종 분석(55~59세, 2,308명)

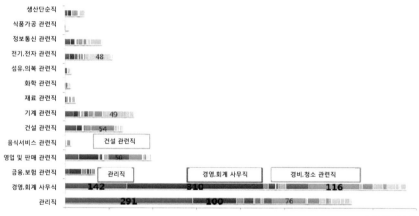

재취업 성공이 가장 활발한 직업은 경영·회계·사무직/관리직, 영업 및 판매이며, 재취업 성공률이 낮은 직업은 식품 가공, 섬유 및 의복, 화학, 재료, 음식서비스이다. 또한 관리직, 경영·회계·사무직, 금융·보험 관련직, 영업 및 판매 관련직은 상호 이동이 매우 활발한 것으로 나타났다. 관리직에서 경영·회계·사무직으로의 이동은 15.2%, 경영·회계·사무직에서 관리직으로의 이동은 15.6%, 금융·보험 관련직에서 경영·회계·사무직으로 37.3%, 관리직으로 14.7% 이동하였으며, 영업 및 판매 관련직에서는 경영·회계·사무직으로 22.5%, 관리직으로 15.4% 이동한 것으로 나타났다. 그리고 관리직과 경영·회계·사무직은 거의 모든 직종으로 재취업이 가능했다.

또한 거의 모든 직종에서 경비 및 청소관련직으로의 이동이 나타났으며 건설, 기계, 재료, 화학, 섬유 및 의복, 전기·전자, 정보통신 식품가공, 환경·인쇄·목재·가구·공예 등 기술 기능 분야에서 관리직과 경영·회계·사무직으로의 이동이 있었다. 마지막으로 법률·경찰·소방·교도 관련직, 보건·의료 관련직, 사회복지 및 종교 관련직, 그리고 문화·예술·디자인·방송 관련직으로의 재취업은 0.1~0.7%의 비중으로 낮았다.

결과를 종합하면, 대부분의 직종에서 재취업은 동종 직종으로 이루어지고 있고, 이전직업과 재취업 분야 일치도는 66%로 나타났다.

[그림 19] 이전직업과 재취업 분야 일치도

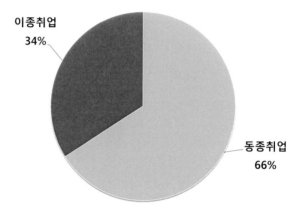

이것은 나도 내가 현재 하고 있는 일과 유사한 일을 퇴직 후에도 하게 될 가능성이 높다는 것이다. 현재 내가 하고 있는 일과 관련된 역량을 발전시켜, 재취업 성공률을 높이는 것도 좋은 전략이다.

직장인이여 제2의 엔진을 돌려라

## ● 한국 고용직업 분류표

한국 고용직업분류는 노동시장과 수요, 현실적 직업구조 등을 반영하여 직무를 체계적으로 분류한 것이다. 10개의 대분류 (경영, 사무, 금융, 보험직/연구직 및 공학 기술직/교육, 법률, 사회복지, 경찰, 소방직 및 군인/보건, 의료직/예술, 디자인, 방송, 스포츠직/미용, 여행, 숙박, 음식, 경비, 청소직/영업, 판매, 운전, 운송직/건설, 채굴직/설치, 정비, 생산직/농림어업직) 아래 35개의 중분류로 개편되었으며, 자세한 내용은 아래와 같다.

**표 8** 한국 고용직업분류표

| 중분류 | 소분류 |
|---|---|
| 관리직(임원·부서장) | 의회의원·고위공무원 및 기업 고위임원 |
| | 행정·경영·금융·보험 관리자 |
| | 전문서비스 관리자 |
| | 미용·여행·숙박·음식·경비·청소 관리자 |
| | 영업·판매·운송 관리자 |
| | 건설·채굴·제조·생산 관리자 |
| | 정부·공공행정 전문가 |
| | 경영·인사 전문가 |
| | 회계·세무·감정 전문가 |
| | 광고·조사·상품기획·행사기획 전문가 |

| | |
|---|---|
| 경영·행정·사무직 | 정부·공공 행정 사무원 |
| | 경영지원 사무원 |
| | 회계·경리 사무원 |
| | 무역·운송·생산·품질 사무원 |
| | 안내·고객상담·통계·비서·사무보조 및 기타 사무원 |
| 금융·보험직 | 금융·보험 전문가 |
| | 금융·보험 사무원 |
| | 금융·보험 영업원 |
| 인문·사회과학 연구직 | 인문·사회과학 연구원 |
| 자연·생명과학 연구직 | 자연과학 연구원 및 시험원 |
| | 생명과학 연구원 및 시험원 |
| 정보통신 연구개발직 및 공학기술직 | 컴퓨터하드웨어·통신공학 기술자 |
| | 컴퓨터시스템 전문가 |
| | 소프트웨어 개발자 |
| | 데이터·네트워크 및 시스템 운영 전문가 |
| | 정보보안 전문가 |
| | 통신·방송송출 장비 기사 |
| 건설·채굴 연구개발직 및 공학기술직 | 건축·토목공학 기술자 및 시험원 |

| | |
|---|---|
| **제조 연구개발직 및 공학기술직** | 기계·로봇공학 기술자 및 시험원 |
| | 금속·재료공학 기술자 및 시험원 |
| | 전기·전자공학 기술자 및 시험원 |
| | 화학공학 기술자 및 시험원 |
| | 에너지·환경공학 기술자 및 시험원 |
| | 섬유공학 기술자 및 시험원 |
| | 식품공학 기술자 및 시험원 |
| | 소방·방재·산업안전·비파괴 기술자 |
| | 제도사 및 기타 인쇄·목재 등 공학 기술자 및 시험원 |
| **교육직** | 대학 교수 및 강사 |
| | 학교 교사 |
| | 유치원 교사 |
| | 문리·기술·예능 강사 |
| | 장학관 및 기타 교육 종사자 |
| **법률직** | 법률 전문가 |
| | 법률 사무원 |
| **사회복지·종교직** | 사회복지사 및 상담사 |
| | 보육교사 및 기타 사회복지 종사자 |
| | 성직자 및 기타 종교 종사자 |
| **경찰·소방·교도직** | 경찰관, 소방관 및 교도관 |
| **군인** | 군인 |

| | |
|---|---|
| 보건·의료직 | 의사, 한의사 및 치과의사 |
| | 수의사 |
| | 약사 및 한약사 |
| | 간호사 |
| | 영양사 |
| | 의료기사·치료사·재활사 |
| | 보건·의료 종사자 |
| 예술·디자인·방송직 | 작가·통번역가 |
| | 기자 및 언론 전문가 |
| | 학예사·사서·기록물관리사 |
| | 창작·공연 전문가(작가, 연극 제외) |
| | 디자이너 |
| | 연극·영화·방송 전문가 |
| | 문화·예술 기획자 및 매니저 |
| 스포츠·레크리에이션직 | 스포츠·레크리에이션 종사자 |
| 미용·예식 서비스직 | 미용 서비스원 |
| | 결혼·장례 등 예식 서비스원 |
| 여행·숙박·오락 서비스직 | 여행 서비스원 |
| | 항공기·선박·열차 객실승무원 |
| | 숙박시설 서비스원 |
| | 오락시설 서비스원 |
| 음식 서비스직 | 주방장 및 조리사 |
| | 식당 서비스원 |

| 경호·경비직 | 경호·보안 종사자 |
|---|---|
| | 경비원 |
| 돌봄 서비스직(간병·육아) | 돌봄 서비스 종사자 |
| 청소 및 기타 개인서비스직 | 청소·방역 및 가사 서비스원 |
| | 검침·주차관리 및 기타 서비스 단순 종사자 |
| 영업·판매직 | 부동산 컨설턴트 및 중개인 |
| | 영업원 및 상품중개인 |
| | 텔레마케터 |
| | 소규모 상점 경영 및 일선 관리 종사자 |
| | 판매 종사자 |
| | 매장 계산원 및 매표원 |
| | 판촉 및 기타 판매 단순 종사자 |
| 운전·운송직 | 항공기·선박·철도 조종사 및 관제사 |
| | 자동차 운전원 |
| | 물품이동장비 조작원(크레인·호이스트·지게차) |
| | 택배원 및 기타 운송 종사자 |
| 건설·채굴직 | 건설구조 기능원 |
| | 건축마감 기능원 |
| | 배관공 |
| | 건설·채굴 기계 운전원 |
| | 기타 건설 기능원(채굴포함) |
| | 건설·채굴 단순 종사자 |

| 기계 설치·정비·생산직 | 기계장비 설치·정비원(운송장비 제외) |
|---|---|
| | 운송장비 정비원 |
| | 금형원 및 공작기계 조작원 |
| | 냉·난방 설비 조작원 |
| | 자동조립라인·산업용로봇 조작원 |
| | 기계 조립원(운송장비 제외) |
| | 운송장비 조립원 |
| 금속·재료 설치·정비·생산직<br>(판금·단조·주조·용접·도장 등) | 금속관련 기계·설비 조작원 |
| | 판금원 및 제관원 |
| | 단조원 및 주조원 |
| | 용접원 |
| | 도장원 및 도금원 |
| | 비금속제품 생산기계 조작원 |
| 전기·전자 설치·정비·생산직 | 전기공 |
| | 전기·전자 기기 설치·수리원 |
| | 발전·배전 장치 조작원 |
| | 전기·전자 설비 조작원 |
| | 전기·전자 부품·제품 생산기계 조작원 |
| | 전기·전자 부품·제품 조립원 |
| 정보통신 설치·정비직 | 정보통신기기 설치·수리원 |
| | 방송·통신장비 설치·수리원 |

직장인이여 제2의 엔진을 돌려라

| | |
|---|---|
| 환경 설치·정비·생산직 | 석유·화학물 가공장치 조작원 |
| | 고무·플라스틱 및 화학제품 생산기계 조작원 및 조립원 |
| | 환경관련 장치 조작원 |
| 섬유·의복 생산직 | 섬유 제조·가공 기계 조작원 |
| | 패턴사, 재단사 및 재봉사 |
| | 의복 제조원 및 수선원 |
| | 제화원, 기타 섬유·의복 기계 조작원 및 조립원 |
| 식품 가공·생산직 | 제과·제빵원 및 떡제조원 |
| | 식품 가공 기능원 |
| | 식품 가공 기계 조작원 |
| 인쇄·목재·공예 및 기타 설치·정비·생산직 | 인쇄기계·사진현상기 조작원 |
| | 목재·펄프·종이 생산기계 조작원 |
| | 가구·목제품 제조·수리원 |
| | 공예원 및 귀금속세공원 |
| | 악기·간판 및 기타 제조 종사자 |
| 제조 단순직 | 제조 단순 종사자 |
| 농림어업직 | 작물재배 종사자 |
| | 낙농·사육 종사자 |
| | 임업 종사자 |
| | 어업 종사자 |
| | 농림어업 단순 종사자 |

## ● 재취업 관련 웹사이트

재취업과 관련하여 지원서비스를 받거나 교육, 일자리 정보에 대해 더 알고 싶다면 아래의 웹사이트 목록을 참고하자.

**표9** 재취업 관련 정보 참고 웹사이트

| 기관 | 활동내용 | 홈페이지 |
|---|---|---|
| 중장년일자리 희망센터 | 퇴직 전 경력설계, 재취업 지원 서비스 | www.4060job.or.kr |
| 중장년 취업 아카데미 | 재직자, 구직자 상황에 맞는 훈련 과정 제공 | www.goldenjob.or.kr |
| 워크넷 | 고용노동부 산하. 실업급여와 취업 알선, 직업 진로지도, 직무 능력 향상을 위한 직업훈련 등을 지원 | https://work.go.kr/ |
| 고용복지 플러스센터 | 일자리와 복지, 서민 금융 등의 상담과 지원 서비스. 제공 | www.workplus.go.kr/ |
| 잡투게더 | 중장년 국내외 취업정보 | http://www. jobtogether.net/ |
| 서울 50+ | 서울시 장년층의 퇴직 전후의 새로운 인생 준비 및 사회참여 활동 지원 | http://50plus.or.kr/ |
| 한국 직업훈련포털 | 구직자와 직장인을 위한 다양한 직무능력 향상 훈련 지원 | http://www.hrd.go.kr |

직장인이여 제2의 엔진을 돌려라

위 고용직업 분류표를 참고하여 내가 재취업이 가능한 예상 직업 중분류와 소분류를 작성해보자.

## 나의 퇴직 후 재취업 일자리

| 중분류 | 소분류 | 비고 |
|---|---|---|
| | | |
| | | |
| | | |
| | | |
| | | |

## ② 개인사업,창업

　개인사업을 생각하는 퇴직 예정자도 많을 것으로 생각된다. 퇴직 후 가장 많이 선택하는 개인사업의 종류는 프랜차이즈 점포를 운영하거나 개인가게를 차리는 일로, 자영업 교육에 대한 관심도는 나날이 높아지고 있는 추세이다. 그러나 이렇게 퇴직 후 자영업을 선택하는 사람들의 실패 사례가 종종 들리기도 한다. 혹시 개인적으로 어떠한 상품이나 서비스에 대한 차별화되고 기발한 아이디어가 있다면, 그 분야로 더 파고들어 스타트업을 시작해 보는 것도 좋은 방법이다. 국가 간 경계가 사라지면서 강소 기업에 국제적인 많은 기회가 주어지고 있으며, 실제로 여러 국가기관과 단체에서 시니어 창업을 꾸준히 지원하고 있다. 관련 기관이나 전문가가 있다면 자문을 구하는 것도 추천한다. 이렇듯 지금까지 직장생활에서 벗어나 사업자로서, 퇴직 기간에 구애되지 않는 직업을 가지고 싶은 욕구가 있다면 아래의 개인 사업종류를 참고해 보자. 고용노동부의 산업분류에 따른 산업종류는 아래와 같다. 더 상세한 표준산업 세세 분류는 책 마지막의 별첨을 참고하자.

**표 10** 개인사업 분류 및 직업 종류

| 분류 | 직업 종류 |
|---|---|
| 제조업 | 식료품 제조업 |
| | 음료 제조업 |
| | 담배 제조업 |
| | 섬유제품 제조업; 의복제외 |
| | 의복, 의복액세서리 및 모피제품 제조업 |
| | 가죽, 가방 및 신발 제조업 |
| | 목재 및 나무제품 제조업 |
| | 펄프, 종이 및 종이제품 제조업 |
| | 인쇄 및 기록매체 복제업 |
| | 코크스, 연탄 및 석유정제품 제조업 |
| | 화학물질 및 화학제품 제조업;의약품 제외 |
| | 의료용 물질 및 의약품 제조업 |
| | 고무제품 및 플라스틱제품 제조업 |
| | 비금속 광물제품 제조업 |
| | 1차 금속 제조업 |
| | 금속가공제품 제조업;기계 및 가구 제외 |
| | 전자부품, 컴퓨터, 영상, 음향 및 통신장비 제조업 |
| | 의료, 정밀, 광학기기 및 시계 제조업 |
| | 전기장비 제조업 |
| | 기타 기계 및 장비 제조업 |
| | 자동차 및 트레일러 제조업 |
| | 기타 운송장비 제조업 |
| | 가구 제조업 |
| | 기타 제품 제조업 |

| | 전기업 |
|---|---|
| 전기, 가스, 증기 및 수도사업 | 가스 제조 및 배관공급업 |
| | 증기, 냉온수 및 공기조절 공급업 |
| | 수도사업 |
| 하수, 폐기물 처리, 원료재생 및 환경복원업 | 하수, 폐수 및 분뇨 처리업 |
| | 폐기물 수집운반, 처리 및 원료재생업 |
| | 환경 정화 및 복원업 |
| 건설업 | 기반조성 및 시설물 축조관련 전문공사업 |
| | 건물설비 설치 공사업 |
| | 전기 및 통신 공사업 |
| | 실내건축 및 건축마무리 공사업 |
| | 건설장비 운영업 |
| | 건물 건설업 |
| | 토목 건설업 |

| 도매 및 소매업 | 자동차 부품 및 판매업 |
|---|---|
| | 상품 중개업 |
| | 산업용 농축산물 및 동물 도매업 |
| | 음·식료품 및 담배 도매업 |
| | 가정용품 도매업 |
| | 기계장비 및 관련 물품 도매업 |
| | 건축자재, 철물 및 난방장치 도매업 |
| | 기타 전문 도매업 |
| | 상품 종합 도매업 |
| | 종합 소매업 |
| | 음·식료품 및 담배 소매업 |
| | 정보통신장비 소매업 |
| | 섬유, 의복, 신발 및 가죽제품 소매업 |
| | 기타 가정용품 소매업 |
| | 문화, 오락 및 여가 용품 소매업 |
| | 연료 소매업 |
| | 기타 상품 전문 소매업 |
| | 무점포 소매업 |

| | |
|---|---|
| 운수업 | 육상운송 및 파이프라인 운송업 |
| | 수상 운송업 |
| | 항공 운송업 |
| | 창고 및 운송관련 서비스업 |
| 숙박 및 음식점업 | 숙박시설 운영업 |
| | 음식점업 |
| | 주점 및 비알코올 음료점업 |
| 출판, 영상, 방송통신 및 정보 서비스업 | 서적, 잡지 및 기타 인쇄물 출판업 |
| | 소프트웨어 개발 및 공급업 |
| | 영상·오디오 기록물 제작 및 배급업 |
| | 방송업 |
| | 통신업 |
| | 컴퓨터 프로그래밍, 시스템 통합 및 관리업 |
| | 정보서비스업 |
| 금융 및 보험업 | 금융업 |
| | 보험 및 연금업 |
| | 금융 및 보험 관련 서비스업 |

직장인이여 제2의 엔진을 돌려라

| | |
|---|---|
| 부동산업 및 임대업 | 부동산 임대 및 공급업 |
| | 부동산 관련 서비스업 |
| | 운송장비 임대업 |
| | 개인 및 가정용품 임대업 |
| | 산업용 기계 및 장비 임대업 |
| | 무형재산권 임대업 |
| 대여 및 배달업 | 대여 및 배달 창업 분야 |
| | 양복, 한복 등 의류대행 |
| | 명품매매중개업 및 대여업 |
| | 녹즙배달업 |
| | 야식배달 |
| 전문, 과학 및 기술 서비스업 | 연구개발업 |
| | 법무관련 서비스업 |
| | 회계 및 세무관련 서비스업 |
| | 광고업 |
| | 시장조사 및 여론조사업 |
| | 회사본부, 지주회사 및 경영컨설팅 서비스업 |
| | 건축기술, 엔지니어링 및 기타 과학기술 서비스업 |
| | 수의업 |
| | 전문디자인업 |
| | 사진 촬영 및 처리업 |
| | 그 외 기타 전문, 과학 및 기술 서비스업 |

| | |
|---|---|
| 지식산업 및 컨설팅 | 결혼준비컨설팅 |
| | 지식산업분야 |
| | 정보가공 및 제공업 |
| | 창업컨설턴트<br>(경영지도사,가맹사업거래상담사) |
| | 전문번역가 |
| | 헤드헌터 |
| 사업시설<br>관리 및 사업지원<br>서비스업 | 사업시설 유지관리 서비스업 |
| | 건물·산업설비 청소 및 방제 서비스업 |
| | 조경 관리 및 유지 서비스업 |
| | 인력공급 및 고용알선업 |
| | 여행사 및 기타 여행보조 서비스업 |
| | 경비, 경호 및 탐정업 |
| | 기타 사업지원 서비스업 |
| 공공행정, 국방 및 사회보장 행<br>정 | 입법 및 일반 정부 행정 |
| | 사회 및 산업정책 행정 |
| | 외무 및 국방 행정 |
| | 사법 및 공공질서 행정 |
| | 사회보장 행정 |

| | |
|---|---|
| 교육 서비스업 | 초등 교육기관 |
| | 중등 교육기관 |
| | 고등 교육기관 |
| | 특수학교, 외국인학교 및 대안학교 |
| | 일반 교습 학원 |
| | 기타 교육기관 |
| | 교육지원 서비스업 |
| 보건업 및 사회복지 서비스업 | 병원 |
| | 의원 |
| | 공중 보건 의료업 |
| | 기타 보건업 |
| | 거주 복지시설 운영업 |
| | 비거주 복지시설 운영업 |
| 예술, 스포츠 및 여가 관련 서비스업 | 창작 및 예술관련 서비스업 |
| | 도서관, 사적지 및 유사 여가관련 서비스업 |
| | 스포츠 서비스업 |
| | 유원지 및 기타 오락관련 서비스업 |
| | 여행가이드 |
| | 스포츠 용품 판매 |

| | 산업 및 전문가 단체 |
|---|---|
| 협회 및 단체, 수리 및 기타 서비스업 | 노동조합 |
| | 기타 협회 및 단체 |
| | 종교인 |
| | 생활 수리업 |
| | 미용, 욕탕 및 유사 서비스업 |
| | 기타 개인 서비스업 |
| 전자 상거래업 | 인터넷쇼핑몰 창업 |
| | 오픈마켓(open market)창업 |
| | 제휴마케팅(Affiliate Marketing) 창업 |
| | 구매대행 및 판매대행 |
| | 카페와 블로그(blog)를 이용한 창업 |

직장인이여 제2의 엔진을 돌려라

## ● 소자본으로 시작하는 온라인창업

사업을 시작한다고 했을 때 가장 걱정이 되는 것은 자본금이다. 퇴직금으로 약간의 목돈이 있을 수는 있지만, 이것을 한 번에 투자하기에는 리스크가 따른다. 인터넷으로 물건을 구매해 본 경험은 누구나 있을 것이다. 전자상거래업은 비교적 적은 자본으로 개인사업을 시작할 수 있는 하나의 기회이다. 하지만 포털 사이트의 오픈 마켓이나 일반 쇼핑몰은 현재 포화 상태이다. 이제는 국내시장보다는 해외시장으로 고개를 돌려보는 것이 좋겠다. 아마존, 타오바오, 알리바바, 이베이, 라자다 등의 온라인 사이트를 공략하자. 아마존의 경우 "아마존, 세상의 모든 것을 팝니다"라는 슬로건을 내걸고, 2017년 기준 약 3억 명의 유저를 보유한 메가 마켓이다. 이곳에 나의 물건을 판다면? 내가 파는 물건이 세계 각국의 소비자에게 전해지는 비즈니스 모델을 그려보자.

이 넓은 시장의 또 하나의 장점은, 해외 온라인 사업이기 때문에 소자본 1인창업이 가능하다는 것이다. 종업원에게 급여를 지급할 것도, 다달이 임대료나 가맹점 비를 낼 필요도 없다. 컴퓨터 한 대면 준비는 끝이다. 그리고 직접 고객을 오프라인에서 마주하는 것이 아니며 근무시간도 탄력적이므로 적당한 아이템 설정과 마진율만 잘 계산한다면 국내창업보다 효율적인 사업설계가 충분히 가능하다. 포털사이트나 유튜브에서 '아마존셀러' 혹은 '글로벌셀러' 등의 키워드를 검색해 보면 중소기업진흥공단이나 일반 사설 기관의 강의가 많이 있으니 참고해 보는 것도 좋겠다.

직장인이여 제2의 엔진을 돌려라

## ● 창작: 나만의 직업을 만든다

일자리의 스펙트럼은 상상 이상으로 넓다. 취업난의 해결책으로 기존 일자리에 들어가기보다는 새로운 직업을 스스로 만들어 내자는 의미의 '창직(創職)도 생각해 볼 수 있다. 창직은 기존의 노동시장 일자리에 진입하지 않는다. 개인이 자신의 지식, 기술, 능력, 흥미, 적성 등을 활용한 창조적인 아이디어와 활동을 통해 문화, 예술, IT, 농업, 제조업 등 다양한 분야에서 스스로 새로운 직업을 개발 또는 발굴하고, 이를 통해 일자리를 창출하는 것으로 정의할 수 있다. 이처럼 새로운 직업을 창조하는 창직은 창업이라는 개념과도 비슷하지만, 여태까지는 보지 못한 직업, 완전히 새로운 분야를 업으로 삼는 기발하고 재미있는 직업탐색의 과정이 될 수도 있다. 이를 위해 중소기업청 등에서도 시니어의 창직을 위해 다양한 정책을 마련하여 지원을 확대하고 있다. 진로선택 대안으로서 창직 사례로 아래 표를 참고하자.

표 11 진로선택 대안으로서 창직 사례

| 창직명 | 하는 일 |
|---|---|
| 직업체험 코디네이터 | 학생들이 직업세계에 대한 이해를 넓힐 수 있도록 직업체험 프로그램을 기획하고 인솔 |
| 정리 컨설턴트 | 공간활용방법, 주변환경정기방법, 시간관리 방법 등을 컨설팅 |
| 경청 컨설턴트 | 대인관계향상, 주의집중을 통한 학습능력 향상, 창의력 개발을 위한 체계적인 경청훈련을 실시하고 경청진단 및 교육프로그램 개발, 운영 |
| 직무능력개발 게임기획자 | 사용자의 직무능력 향상을 위해 관련 온, 오프라인 프로그램을 기획, 관리 |
| 실버 잡 커넥터 | 55세 이상의 퇴직자를 대상으로 구직자에게 적합한 직업을 연결 |
| 쉬운 설명 제작자 | 50대 이상의 스마트기기 사용자들이 기기사용설명서를 쉽게 이해할 수 있도록 쉬운 단어와 이미지로 정보를 제공 |

**표 12** 창직 가능 직업

| 영역 | 직업 |
|------|------|
| 경영 | 로봇컨설턴트, 상품 스토리텔러, 창직컨설턴트, 지역상점대출중계플랫폼운영자, 3D 모바일액션RPG 개발자, 3D프린팅숍 매니저 |
| 사회복지/육아/교육 | 난독증 학습장애 지도사, 노인이주컨설턴트, 장애인집수리전문가, 유아수면컨설턴트 |
| 문화예술/스포츠/디자인/방송 | 사진조사관, 문화교류 코디네이터, 요트중개인, 아로마 어드바이저 |
| 농림어업 | 애완동물작가, 영양서비스 컨설턴트, 동물초음파진단사, 할랄인증컨설턴트, 동물수중요법사 |

개인사업이나 창업에 관한 추가적인 정보는 아래의 사이트를 참고하자.

**표 13** 개인사업 관련 웹사이트

| 기관명 | 설명 | 홈페이지 |
|---|---|---|
| 중소기업 진흥공단 | 중소기업 관련 정책과 정보 제공 | www.sbc.or.kr |
| 소상공인진흥원 | 소상공인 정책자금지원, 성장지원, 재기지원, 컨설팅 등 | http://www.sbiz.or.kr |
| 서울 일자리포털 창업지원센터 | 창업보육센터를 통해 창업보육인프라 및 프로그램을 지원 | http://job.seoul.go.kr |
| 창업진흥원 | 창업교육, 시설대여, 사업화 지원, 판로개척 등 지원 | www.kised.or.kr |
| 중소기업청 상권분석시스템 | 업종별 상권분석 시스템 | http://sg.sbiz.or.kr |
| K startup 시니어 기술창업지원 | 중·장년(예비)창업자 스타트업 창업 지원 | https://www.k-startup.go.kr |

지금까지 개인사업을 했을 때 선택할 수 있는 경로를 알아보았다. 만약 내 일자리 경로에서 개인사업이 우선순위에 나왔다면, 어떤 종류의 사업을 하고 싶은지 아래 워크시트에 작성해보자.

# 나의 퇴직 후 개인사업, 창업 일자리

| 분류 | 사업종류 | 비고 |
|---|---|---|
|  |  |  |
|  |  |  |
|  |  |  |
|  |  |  |
|  |  |  |
|  |  |  |

### ③귀농, 귀촌

귀농, 귀촌 종합센터의 실태 조사 결과에 따른 분류는 귀농 재배 분야, 귀농 농업 외 경제활동, 귀어 분야, 귀산촌(임업) 등 4가지로 분류되고 세부분류는 아래와 같다.

**표 14** 귀농, 귀촌 세부 분류표

| 분류 | 세부 분류 |
|---|---|
| 귀농 재배분야 | 과수/노지채소/논벼/특작/약용 |
| | 시설채소/서류/두류/축산/맥류/화훼 |
| 귀농 농업 외 경제활동 | 농산물/가공식품, 직접 판매활동 |
| | 자영업(장사, 가게) |
| | 일반직장취업 |
| | 농산물 가공 |
| | 농업 임금노동 |
| | 임시직 |
| | 비농업부문 일용직 |
| | 농촌 전광사업 |
| 귀어 분야 | 양식어업(어류, 갑각류, 패류, 기타 수산동식물) |
| | 어선어업 낚시산업 |
| | 수산물 가공(김, 미역, 굴, 오징어건조, 젓갈 등) |
| | 냉동, 냉장업 |
| | 소금업(천일염, 소금가공) |

| | |
|---|---|
| 귀산촌<br>(임업) | 유실수(산딸기·잣), 송이채취업, 야생화 재배업. 원목생산업 |
| | 약용식물재배·채취업(산양삼, 황칠나무 포함) |
| | 조경수 재배업, 분재 재배업, 관상산림식물류(잔디), 채취업(수액) |
| | 양묘업, 산채 재배업(노지 산나물 : 취, 도라지, 산마늘, 두릅) |
| | 산채 재배업(시설산나물), 생산업(옻)<br>건축용 나무제품제조업(루바, 몰딩, 데크) |
| | 사이딩, 판재, 구조재, 집성재, 마루판 |
| | 목재포장용기 및 깔판류 제조업,<br>(팔레트 깔판·적재용판, 목재케이블드럼) |
| | 목재포장·운반상자, 목재도구·부품,<br>기타 나무제품 제조업(주방용 및 식탁용) |
| | 목제품 제조업, 목재도구 및 목재가구 제조업,<br>장식용 목제품 제조업, 방부목 및 원주목 제조업 |
| | 임업경영인(독림가, 임업후계자, 신지식임업인),<br>목조건축업(목조주택 시공업, 통나무주택) |
| | 시공업, 한옥 시공업, 정자시공업),<br>2차 가공제조업(목재창호: 목재창, 창틀, 목재문·틀) |

귀농, 귀촌, 귀어 관련 추가적인 정보는 귀농귀촌 종합센터, 전국 귀농 운동본부, 농어촌 알리미, 한국농어촌공사, 한국임업진흥원, 농촌진흥청 등을 통하여 얻을 수가 있다

**표 15** 귀농, 귀촌 관련 웹사이트

| 기관명 | 설명 | 홈페이지 |
|---|---|---|
| 귀농귀촌 종합센터 | 귀농 귀촌 준비, 교육 프로그램, 귀농귀촌 현황, 상담 서비스 제공 | http://www.returnfarm.com |
| 전국 귀농 운동본부 | 귀농 교육, 단기방문, 귀농책자 등 제공 | http://www.refarm.org/ |
| 농어촌 알리미 | 지역별 농어촌 빈집 정보 제공 | www.alimi.or.kr |
| 한국농어촌공사 | 농어촌 지역개발, 농어촌사업 확대 등의 정책 지원 | www.ekr.or.kr |
| 한국임업진흥원 | 귀산촌, 임업 관련 정보, 입찰, 임업인 교육, 산림정보 등 제공 | www.kofpi.or.kr |
| 농촌진흥청 | 귀농귀촌 최신소식, 온라인 상담, 지역작목정보, 지원정책 등 제공 | http://www.rda.go.kr |
| 전국 흙집짓기 운동본부 | 귀농 귀촌인을 위한 흙집짓기 교육을 매월 진행 | http://www.ecovillage.or.kr |

일자리 경로 매트릭스에서 귀농, 귀촌이 우선순위에 들었다면, 어떤 분야의 귀농, 귀촌, 귀어를 계획할 수 있는지 위의 귀농귀촌 분류표를 참고하여 적어보자.

### 나의 퇴직 후 귀농, 귀촌 일자리

| 분류 | 세부 분류 | 비고 |
|------|----------|------|
|  |  |  |
|  |  |  |
|  |  |  |
|  |  |  |
|  |  |  |
|  |  |  |

#### ④ 사회봉사, 복지

퇴직 후 경력이나 네트워크를 바탕으로 한 봉사는 또 다른 즐거움으로 다가온다. 이것이 직업으로 연결되는 경우도 많다. 서울시 도심권 50+센터가 예비 퇴직자에게 '퇴직 후 가장 하고 싶은 일' [그림 20]을 묻는 질문에 재취업 50.9%, 다음으로 사회공헌활동이 20.6%로 많았다. 봉사의 개념이 가미된 사회적 기업이나 커뮤니티 비즈니스를 하고 싶다는 사람도 11%나 됐다.

[그림 20] 퇴직 후 가장 하고 싶은 일

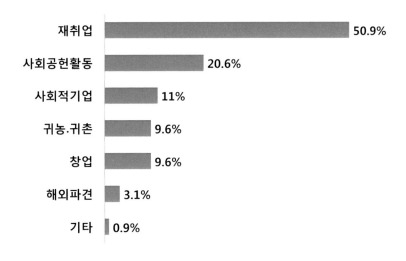

사회봉사, 복지에 관련된 기관으로는 고용노동부, 복지넷, 서울시 시니어 전문자원봉사단, 노인자원봉사 포털, 전국자원봉사센터 중앙회, 한국자원봉사센터 등을 참고하면 된다.

**표 16** 사회봉사, 복지 관련 참고 웹사이트

| 기관명 | 설명 | 홈페이지 |
|---|---|---|
| 복지넷 | 사회복지, 자원봉사, 취업정보 등 정보 제공 | www.bokji.net |
| 서울시 시니어 전문자원봉사단 | 상담, 외국어, 생태환경, 수공예, 학습지도, 언론취재 등 연중 수시모집 | http://welfare.seoul.go.kr |
| 노인자원봉사 포털 | 노인자원봉사 정보 제공 | http://kaswcs.or.kr |
| 전국자원봉사센터 중앙회 | 전국의 자원봉사 센터, 자원봉사 관련 정보 제공 | www.kfvc..or.kr |
| 한국 노인인력개발원 | 장년층, 고령층 일자리 정보와 자원봉사 정보 제공 | www.kordi.go.kr |
| 한국자원봉사센터 | 자원봉사 관련 정보, 정책 프로그램 등 지원 | http://vc1365.tistory.com/ |

더불어, 고용노동부의 '인생 2막 새로운 도전'에 따르면, 사회 공헌형, 취미형의 직업예시는 아래와 같다.

**표 17** 사회공헌형, 취미형 직업

| 유형 | 직업명 |
|---|---|
| 사회 공헌형,<br>취미형<br>(사회에 공헌할 수 있는 일 또는 취미를 살릴 수 있는 직종) | 청소년 유해환경 감시원 |
| | 청년창업 지원가 |
| | 인성교육 강사 |
| | 마을재생 활동가 |
| | 도시농업 활동가 |
| | 목공 기술자 |
| | 손 글씨 작가 |
| | 숲 해설가 |
| | 문화재해설사 |
| | 웃음치료사 |

평소 퇴직 후를 꿈꾸며 생각했던 사회공헌 활동과 관련한 일이
나 복지관련 일을 조사하여 아래 워크시트에 작성해 보자.

## 나의 퇴직 후 사회봉사, 복지 일자리

| 유형 | 직업 종류 | 비고 |
|---|---|---|
|  |  |  |
|  |  |  |
|  |  |  |
|  |  |  |
|  |  |  |

## ⑤ 강의, 컨설팅

### ● 강의 : 전문강사 및 대학교수(산학협력)

퇴직 후 자신의 경력이나 전문 분야 혹은 관심 분야를 살려 강사로 전향하는 경우도 있다. 금융 분야에서 일했다면 관련분야 전문강사 자격을 취득하여 해당 분야 전문 강사가 될 수도 있다. 인사총무부에서 일했다면 취업 관련 전문강사가 될 수도 있겠다. 오랜 조직생활과 현장에서의 경험으로 수강자들의 교육 니즈에 맞는 실전형 강의가 가능하다. 이러한 전문강사를 희망할 때 중요한 것은, 내가 충분히 그 분야의 전문가가 되는 것이다. 누군가를 가르치거나 내가 가진 것을 알려주는 것은 지식만 가지고 있다고 되는 것이 아니다. 전달력이 좋아야 하고, 강의 내용이 흥미로워야 하며 무엇보다 내가 이 사람에게 무언가를 배울 수 있을 것이라는 믿음을 주는 것이 중요하다. 신뢰받는 강의를 위한 공식적인 증명은 해당 분야의 전문성을 보여주는 자격증, 논문, 저서 등이다. 예를 들어 재무설계에 대한 강연을 하는 두 사람이 있다. 한 명은 자신이 오랜 기간 재무분야에 근무하였다는 경력만 어필하였고, 다른 한 명은 비슷한 근무기간이지만 재무설계에 대한 도서를 집필하였다. 나는 누구의 강의를 듣겠는가?

또한, 실전 경험과 노하우를 살려 산학협력 교수가 되는 길도 있다. 꼭 박사학위를 취득하지 않더라도, 학생들을 가르칠 수 있는 기회가 주어진다는 점에서 관심을 가져볼 만하다. 교육부 개정안에 따른 산학 협력 교수에 대한 자세한 사항은 아래와 같다.

**표 18** 산학협력중점교수 인정기준 (2012.06 교육부)

| 산학협력중점교수 정의 |
|---|
| 산업체 경력자로서 산학협력을 통한 교육, 연구, 창업·취업 지원 활동을 중점 추진하고, 산학협력 실적 중심으로 평가받는 교원 |

| 세부인정기준 |
|---|
| ① 산업체 경력이 10년 이상인 자<br>　　산업체 경력이란 민간 산업체, 국가기관, 국가기관에 준하는 기관 등에서 대학에서 담당할 전공분야와 관련된 직무에 종사한 경력을 의미<br>· 다음의 민간 산업체에서 대학에서 담당할 전공분야와 관련된 직무에 종사한 경력<br>　- 공업, 기타 제조업, 광업, 운송업, 건설업종을 주된 사업으로 경영하는 기관으로서 공공기관이 확인한 업체<br>　- 공업, 기타 제조업, 광업, 운송업, 건설업종 이외의 업종을 주된 사업으로 하고, 상시 근로자가 10명 이상인 기관임을 공공기관이 확인한 업체<br>· 대학에서 담당할 전공분야를 국가기관(시설 및 군 경력 포함)에서 당해 전문지식을 필요로 하는 직무에 전임으로 종사한 경력<br>· 대학에서 담당할 전공분야를 국가기관에 준하는 기관(국영기업체 또는 공공단체)에서 전임으로 종사한 경력 |
| 다음과 같은 사유로 교원임면권자가 필요하다고 인정하는 경우 산업체 경력 10년 중 3년의 범위 안에서 경력기준 완화 가능. 단, 임용계약 시 경력완화 적용 사유 등 관련 자료 첨부 필요<br>· 기술 또는 제조기반 창업경험 1회 이상인 자 ※ 창업한 업체의 경우 상시 근로자 10명 미만이더라도 산업체로 인정<br>· 기술사, 변호사, 변리사, 공인회계사 자격증 소지자<br>· 석/박사 학위 소지자(산학협력연구과제수행을 위한 산중교수에 한하며, 석사는 2년 안에서 경력기준 완화 가능) |

② 학칙 또는 정관으로 정하는 바에 따라 산학협력중점교수로 임용되거나 지정된 자
· 학칙 또는 정관으로 정하는 사항에는 ⓐ 산학협력중점교수의 임무, ⓑ 임용 또는 지정
  방식, ⓒ 산학협력 실적 중심의 교수업적평가 및 재임용·승진 심사방법 등을 포함
※ 산학협력중점교수를 신규 임용하거나 기존 전임교원 중에서 지정할 수 있으며, 기존
  전임교원 중 지정하는 경우에는 산업체 경력 10년 미만이라도 지정 가능

학칙에서 정한 책임강의 시수를 30% 이상 감면받은 자
· 산학협력에 집중할 수 있는 환경 조성을 위해서 책임강의 시수에서 30% 이상을 감면
※ 비 전임교원의 경우에는 전임교원의 책임강의 시수를 기준으로 판단

## ● 컨설팅

  퇴직 후 협력사나 거래처, 관계사의 전문 컨설팅이나 고문 등
의 업무를 맡는 경우도 있다. 개인 시간 활용도 좋은 편이고, 적당
한 보수도 보장되는 매력 있는 직업으로 많은 퇴직자들이 선호하
고 있다. 컨설팅 업무는 본인이 현장에서 체득한 정보나 지식을 비
슷한 현장에서 전수하거나 가이드하는 것이다. 완전히 새로운 일
은 아니어서 부담이 적다는 장점이 있다. 컨설팅 분야로의 퇴직설
계를 생각하고 있다면, 그 분야에서 모두 인정하는 최고의 전문가
가 되어야 함은 자명하다. 현업에 있을 때 그 능력을 인정받아야
하는 것으로, 자격증, 관련 경력, 소개인맥 등 일정 기간 많은 준
비를 해야 한다. 내가 가지고 있는 경력의 유사한 종목은 이미 퇴
직한 선배들이 여러 실적을 가지고 컨설팅 시장을 장악하고 있다.
그들과 차이가 있는 나만의 증명된 핵심역량은 무엇인지 파악하
여 준비하는 것이 중요하다. 또한 주변에 어떤 기회가 있을지 계속
해서 관찰하고 연을 이어가는 것도 필수이다. 현재 근무하고 있는
회사에 경력관리센터가 있다면 많은 도움을 받을 수 있으며, 실제
상당수는 원래 함께 업무를 진행하던 관계자나 주변의 소개로 이
루어지는 경우가 많다. 항상 인맥관리나 주위의 평판 관리에도 신
경 써야 한다.

  컨설팅의 경우, 국내 시장의 활로가 어렵다면 현업에 있을 때

해외 시장을 준비하는 방법도 좋은 생각이다. 해외 컨설팅 시 발생하는 언어 소통 문제는 통역 비용뿐만 아니라, 본인의 생각을 100% 전달하는 데에도 어려움을 겪게 된다. 또한, 막상 퇴직 후 컨설팅 프로그램 자료를 정리하려고 하면 큰 어려움에 봉착하는 경우가 많다. 따라서 컨설팅을 하려면, 누구의 도움 없이 스스로 프로그램을 진행 가능한 역량과 자료, 해당 분야에서 최고임을 입증할 수 있는 증명사항을 현업에 있을 때 세밀하게 준비하여야 한다. 일자리 경로 매트릭스에서 강의, 컨설팅이 우선 분야로 나왔거나, 평소에 관심이 있는 분야였다면, 퇴직 후 어떤 분야로 진출할 수 있을지 조사하여 자세히 기입해 보자.

WORKSHEET
20

# 나의 퇴직 후 강의, 컨설팅 일자리

| 분류 | 상세 내용 | 비고 |
|---|---|---|
|  |  |  |
|  |  |  |
|  |  |  |
|  |  |  |
|  |  |  |
|  |  |  |

## ⑥ 해외취업

　요즘 젊은이들이 해외취업으로 눈을 돌리고 있다고 한다. 이것은 단순히 청년들에게 해당되는 문제는 아니다. 외국에는 내가 가지고 있는 경험과 인프라를 원하는 여러 기업들이 많이 있다는 사실을 명심하자. 우리나라에 베이비부머 세대가 있다면 일본에는 단카이 세대가 있다. 우리보다 훨씬 앞서 퇴직대란을 겪었던 일본에서 단카이 세대의 숙련 기술자들은 1990년대 퇴직 후 해외 진출을 본격화했다. 이 당시 국내 전기전자, 철강, 조선, 화학, 정유업체로 일본인 기술자가 많이 영입된 이유도 여기에 있다. 우리나라의 베이비부머들도 자신만의 기술적 강점만 있다면 얼마든지 해외 진출이 가능하다. 특히나 중국, 동남아 등은 신흥공업국으로 발돋움하는 과정에서 빠른 시간 내에 효율과 경쟁력을 올리기 위하여, 필요한 인력을 해외에서 수급해와야 하는 필연성이 있다. 또한 국내 기업들도 이미 글로벌 경영을 본격화하였다. 주요 대기업의 매출 상당 부분이 외국에서 발생하고, 다른 중소기업 또한 해외 현지공장을 관리할 여러 인력이 필요하다. 전문적인 지식과 노련함으로 큰 도움이 될 내가 해외에서 꼭 필요한 이유이다. 많은 전문가들이 동남 아시아권과 인도의 급격한 성장을 예상하고 있다. 산업혁명 이후 세계 경제패권의 이동을 살펴 보자. 먼저 산업혁명을 바탕으로 발전한 영국(19C 초)의 면직물, 철강, 석탄, 기계산업에서 독일(19C 후)의 가솔린엔진, 유기화학, 제철, 제강으로 경제 패권이 이동하였다. 2차 세계 대전 이후 많은 독일의 엔지니어들이 미국으로 이동하여(20C) 원자력, 전기, 전자, 반도체, 유전자 산업을 주도하였다. 그 뒤에 일본(20C)은 서구 사회를 모델로 근대화에 성공하여 세계 경제를 제패하였다. 최근에는 디지털 시대에 부응하여 제조 경쟁력이 있는 중국(21C)으로 경제 패권의 흐름이 이어지는 추세이다. 그다음은 어디로 경제의 큰 흐름이 이동할 것인가?

중요한 것은 현업에서 그동안 쌓은 능력을 바로 사용할 수 있는 해외취업을 찾는 것이다. 글로벌 시대에 글로벌 인재가 되는 것은 이제는 너무나 당연해서 식상하게 느껴질 수도 있는 이야기이지만, 이미 경제의 힘이 해외로 이동하였다. 중국과 동남아, 인도 등으로 제조업의 활로가 이동하면, 제조업 분야에서의 국내 재취업이 어렵다는 것은 모두가 알고 있는 사실이다. 국내의 인력시장이 포화 상태일 때 나는 어디를 선택하는 것이 유리하겠는가?

지금이라도 눈을 밖으로 돌려 글로벌 역량을 키워야 한다. 어렵지만 다양한 외국어 공부법을 통하여 해외 네트워크와 소통하는 힘을 키우자. 남은 40년을 잘 보내기 위해, 현 직장에서 일하면서 바로 실행할 수 있는 것이 외국어 공부이다. 기본적인 의사소통이 된다면, 현업에 있을 때 해외 관련 업무나 해외 출장을 통해 많은 글로벌 인적 네트워크를 형성하는 것이 가능하다. 이러한 네트워크는 퇴직 후 해외 비즈니스를 하는 데 매우 큰 도움이 될 것이다.

아래 표는 해외취업 관련 참고 사이트이다. 한국 국제협력단 코이카 자문단, 중장년 일자리 희망넷, 한국 무역협회 일자리 지원센터, 월드프렌즈 NIPA 자문단 해외파견사업 등을 참고해 보자.

**표 19** 해외취업 관련 참고 웹사이트

| 기관명 | 설명 | 사이트 |
|---|---|---|
| 한국 국제협력단 코이카 자문단 | 교육, 보건 등의 전문가를 무상원조 협력대상국 중심 파견 | http://kov.koica.go.kr |
| 중장년 일자리 희망넷 | 다양한 회원사 채용정보를 발굴해 중장년 퇴직자를 연결 | http://www.work.go.kr/ |
| 한국 무역협회 일자리 지원센터 | 해외전문가 일자리 재취업 지원 | http://tradejob.kita.net |
| 월드프렌즈 NIPA 자문단 해외파견사업 | 개발도상국에 전문가를 파견해 우리나라의 산업발전 및 개발 노하우를 전수 | http://kse.nipa.kr/ |

위 표의 월드프렌즈 NIPA 자문단 해외사파견사업에 대해 조금 더 알아보자. 정보통신산업진흥원이 2010년부터 시작한 '퇴직전문가 해외파견사업'은 아시아·아프리카·중남미 등 개발도상국에 퇴직한 전문가를 파견해 우리나라의 산업발전 및 개발 노하우를 전수하는 프로그램이다. 구체적인 파견 분야와 세부 내용은 아래의 안내를 참고하자.

**표 20** NIPA 해외파견단 파견분야 및 세부내용

| 파견분야 | 세부내용 |
|---|---|
| 정보통신 | 정부데이터센터 기상관측시스템 정부데이터센터 개발컨설팅 의료정보시스템 자문 정부통계 시스템 통신기술전문가 (CCTV/통신망보안) 전사아키텍쳐 개발 경제특구 지원 IT 개발 디지털 아카이빙 기술자문 국가데이터뱅크 기술 등 |
| 산업기술 | 방송교육 도시개발 및 관리자문 공공정보 접근 및 공개 지적재산관 관련 업무선진화 중소기업지원 전략기획 전문가 기상서비스 공업화공법 시스템 수자원 전문가 환경법규 및 산업정책 전문가 등 |
| 무역투자 | 투자진흥자문 무역진흥 정책자문 무역 활성화 자문 무역 /수출 진흥 수출/투자부분 중장기 개발전략 무역 활성화 자문 투자유치(진흥) 자문 무역진흥정책 등 |
| 지역발전 | SOC 정책 자문 에코투어리즘/생태관광개발정책 수립 지리학분야 데이터 처리 지역경쟁력 강화 등 |
| 에너지자원 | 원자력 및 방사성 폐기물 관리 발전 및 전력 공급 프로젝트 관리 재생 가능 에너지 경제 신 재생 에너지 가스안전관리 수력발전소 운영 전략분야 자문 폐기물 관리 전력공급 시스템 에너지효율성 원자력 전문가 석유품질관리 재생에너지 개발 등 |

일자리 경로 매트릭스에서 해외취업이 우선분야로 나왔거나, 평소에 관심이 있는 분야였다면, 퇴직 후 어떤 분야로 진출할 수 있을지 조사하여 자세히 기입해 보자.

## 나의 퇴직 후 해외취업 일자리

| 분야 | 세부내용 | 비고 |
|---|---|---|
|  |  |  |
|  |  |  |
|  |  |  |
|  |  |  |
|  |  |  |
|  |  |  |

직장인이여 제2의 엔진을 돌려라

## ⑦ 4차 산업혁명과 직업

　4차 산업혁명에 따라 인공지능과 로봇에 의해 대체될 직업에도 큰 관심이 쏠리고 있다. 4차 산업혁명으로 인해 2020년까지 500만 개의 직업이 사라질 전망이라고 한다. 옥스퍼드 마틴스쿨 칼 베네딕트 프레이 교수와 마이클 오스본 교수가 발표한 '고용의 미래: 우리의 직업은 컴퓨터화(化)에 얼마나 민감한가'라는 보고서에서는 702개 직종에 대한 미국 내 일자리에 대해 인공지능과 로봇에 의한 대체 가능성을 연구하였다. 20년 이내로, 일자리의 47%가 대체될 것이라는 충격적인 결과였다. 주로 서비스, 영업직, 사무관리직이 대체될 확률이 높았다.

　살아남을 직업은 보건, 의료, IT, 교육, 농어업, 네트워크시스템 개발자, 웹 멀티미디어 기획자, 응용 SW개발자, 컴퓨터 보안전문가, 간병인, 간호사, 물리치료사, 수의사, 영양사, 응급구조자, 임상심리자, 치과위생사, 직업상담사, 취업알선원, 사회복지사, 상담전문가, 청소년지도사, 변리사, 변호사, 사회과학연구원, 한식목공, 에너지 공학기술자, 산업안전 위험관리원이다.

　사라질 직업은 유통, 물류, 행정, 교육 전문가, 대학교수, 증권·외환딜러, 학원강사, 학습지교사, 사진가, 택시운전사, 텔레마케터 등으로 분류되었다.

　이러한 변화는 퇴직 후 재취업을 희망하는 세대가 놓치지 말아야 할 포인트다. 퇴직 후 40년을 살아가야 하는데 시장에서 수요도 없는 분야에 에너지를 낭비해선 안 되기 때문이다. 앞으로 10년 후 변화를 내다보면서 새로운 일자리의 기회를 찾아야 한다는 의미다. 다음 표는 자동화로 인해 대체비율이 높은 직업과 낮은 직업의 순위이다.

**표 21** 자동화 대체비율이 높은 직업, 낮은 직업 순위

| 순위 | 대체 비율 높은 직업 | 대체 비율 낮은 직업 |
|------|--------------------|---------------------|
| 1 | 청소원 | 회계사 |
| 2 | 주방보조원 | 항공기 조종사 |
| 3 | 매표원 및 복권판매원 | 투자 및 신용분석가 |
| 4 | 낙농업 관련 종사원 | 자산운용사 |
| 5 | 주차관리원 및 안내원 | 변호사 |
| 6 | 건설 및 광업 단순종사원 | 증권 및 외환딜러 |
| 7 | 금속가공기 기계조작원 | 변리사 |
| 8 | 청원경찰 | 컴퓨터 기술자 및 연구원 |
| 9 | 경량철골공 | 기업고위임원 |
| 10 | 주유원 | 컴퓨터시스템 네트워크 보안전문가 |
| 11 | 펄프 및 종이 생산직 | 보건위생 및 환경검사원 |
| 12 | 세탁원 | 기계시험원 |
| 13 | 화학물 가공 및 생산직 | 보험 및 금융 상품개발자 |
| 14 | 곡식작물재배원 | 식품공학기술자,연구원 |
| 15 | 건축도장공 | 대학교수 |
| 16 | 양식원 | 농림어업시험원 |
| 17 | 콘크리트공 | 전기, 가스, 수도 관리자 |
| 18 | 패스트푸드원 | 큐레이터, 문화재보존원 |
| 19 | 음식배달원 | 세무사 |
| 20 | 가사도우미 | 조사 전문가 |

4차산업 혁명과 더불어 고령화가 진행되면서 스마트 간병, 간병 로봇, 고령자 식품, 실버 여행, 고령자 전용 주택건축, IT 농업 등 새로운 일자리가 생기기도 한다.

또한, 미래에 각광받는 산업분야와 일자리 창출을 위한 미래의 비즈니스 또한 사물인터넷, 3D프린팅, 로봇, 빅데이터, 인공지능, 드론, 건강, 의료 바이오, 천연 친환경 에너지, 실감 콘텐츠 등으로 기술과학의 발전에 따라 다양하게 확장되는 추세이다.

# Chapter 04

# 수렴: 경력 설계 비전 마인드맵

## ① 직장인 비전탐색
### 프로세스 3단계

### 1) 인생 3막을 위한 경력 설계 비전 마인드맵

　나의 경력 설계 매트릭스와 직업분류에 의하여 퇴직 후의 일자리를 탐색하였다면, 구체적인 경력설계가 시작되어야 한다. 인생 3막을 위한 경력 설계 비전 마인드맵을 그려, 자신의 머릿속과 지금까지 분석한 자료를 바탕으로 나의 미래 모습을 시각화하는 것이다. 자신의 생각과 비전이나 목표를 한 장으로 가시화하는 것은 매우 중요하다. 앞서 [워크시트 15]~[워크시트 21]에서 작성한 내용을 다시 복습하며 정리해 보자. [워크시트 22] 비전 마인드맵을 작성하는 데에 큰 도움이 된다.

WORKSHEET **15**

재작성　　**나의 퇴직 후 일자리 예상 경로**

| 나의 퇴직 후 일사리<br>예상 경로 | 1.<br><br>2. |
| --- | --- |

재작성 **나의 퇴직 후 예상 일자리 상세**

| 예상 일자리 | 상세 내용 | 비 고 |
|---|---|---|
|  |  |  |
|  |  |  |
|  |  |  |
|  |  |  |
|  |  |  |
|  |  |  |

인생 3막을 위한 경력설계 비전 마인드맵 작성을 위하여 아래의 예시를 참고하자.

[그림 21] 인생 3막을 위한 경력설계 비전 마인드맵 예시

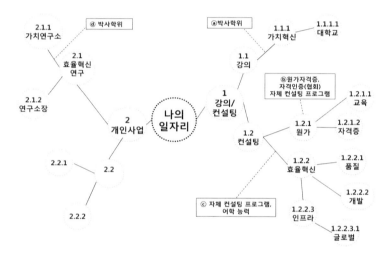

먼저 [워크시트 15]에서 선택된 일자리 경로 중 2, 3개 정도를 나의 일자리와 가장 가까운 동그라미에 기입한다. 여기서는 '강의/컨설팅'을 예로 들겠다. 강의/컨설팅(1)에서 강의(1.1)와 컨설팅(1.2)은 관계되는 분야가 다르므로 나눠서 정리하였다. 강의(1.1)와 관련하여, 가치혁신(1.1.1.)에 대한 강의를 대학교(1.1.1.1.)에서 할 수 있으므로 연결선을 그어 차례로 기입하였다. 대학 강의를 위해서는 박사

학위가 필요하므로 네모칸 ⓐ에 기입하였다.

컨설팅(1.2)과 관련해서는, 원가 컨설팅(1.2.1), 효율혁신 컨설팅(1.2.2)이 가능하다. 원가관련 컨설팅(1.2.1)은 기업이나 기관에서의 원가 교육(1.2.1.1.), 원가 자격증 취득 컨설팅(1.2.1.2)이 가능하여 세부적으로 기입하였다. 이를 위해서 필요한 역량은 원가 관련 자격증, 협회의 자격인증, 자체 컨설팅 프로그램으로 네모칸 ⓑ에 추가하였다. 효율혁신 컨설팅(1.2.2.)과 관련해서는 세부적으로 품질(1.2.2.1), 개발(1.2.2.2), 인프라(1.2.2.3)에 대한 컨설팅이 가능하다. 특히 인프라 컨설팅(1.2.2.3)은 글로벌 회사(1.2.2.3.1)에서의 컨설팅이 가능하므로 추가 연결선을 그어 기입하였다. 컨설팅을 위해 필요한 역량은 자체 컨설팅 프로그램과 어학 능력으로, 네모칸 ⓒ에 추가 기입하였다.

이제 나의 경력설계 비전 마인드맵을 그려볼 차례이다.

경력설계 비전 마인드맵의 구성은 아래와 같다.

## 예상일자리-상세내용1-상세내용2-장소, 역량/준비사항

① 예상일자리: 중앙의 원(나의 일자리)에서 연결선을 그어, [워크시트 15]에서 고득점이 도출된 분야(재취업, 개인 사업, 귀농/귀촌, 사회봉사/복지, 강의/컨설팅, 해외취업 중)의 예상 일자리를 기입한다.

② 상세내용 1: 선택한 예상일자리와 관련하여 일 할 수 있는 내용을 세부적으로 기입한다. 여러 개가 있으면 추가로 다른 연결선을 그어 개별적으로 기입한다.

   (그림 21 예시: 컨설팅(1.2)에서 원가(1.2.1)과 효율혁신(1.2.2) 관련 컨설팅이 가능하여 추가 기입)

③ 상세내용 2 : 상세내용 1과 관련된 세부사항을 기입한다. 여러 개가 있으면 추가로 다른 연결선을 그어 개별적으로 기입한다.

   (그림 21 예시: 컨설팅(1.2)의 '상세내용 1'인 원가(1.2.1)과 관련하여, 원가교육(1.2.1.1)과 원가자격증(1.2.1.2.) 컨설팅이 가능하므로 상세 기입 )

④ 장소: 해당 일자리와 관련하여 일할 수 있는 장소를 기입한다. 없다면 기입하지 않아도 된다.

⑤ 역량과 준비사항: 해당 일자리를 위해 필요한 주요 역량이나 준비사항은 적정 지점에 추가로 연결선을 그어 네모 안에 기입한다(그림 21 예시 : ⓐ 박사 학위, ⓑ원가 자격증, ⓒ어학능력 등).

# 나의 경력 설계 비전 마인드맵

나의 일자리

# Chapter 05

# 계획: 목표설정

# ① 직장인의 비전탐색
## 프로세스 4단계

나의 경력 설계 비전 마인드맵을 통해 내가 가야 할 일자리와 세부내용을 구체화했다면, 퇴직 후에 그 일자리를 실현하기 위한 달성 계획(뉴에너지)을 만들어야 한다.

### 1) 학습능력의 핵심과 계획

현업에서도 다양하게 업무를 확장하고 능력을 발휘하는 데 가장 기본이 되는 것은 어학능력이다. 수출을 주도하고 제조업의 상당수가 해외 진출이 진행된 한국의 현실에서, 글로벌 비즈니스를 생각하고 있다면 글로벌 커뮤니케이션 능력을 갖추어야 한다. 영어뿐만 아니라 일본어나 중국어, 베트남어 등 본인이 계획하는 미래의 그림에 맞춰서 어학 능력을 키워가면 더욱 좋다. 내가 가지고 있는 전문적인 현장 커리어와 어학 실력이 상호적으로 보완된다면, 퇴직 후 나의 기회는 몇 배로 늘어날 것이다.

또한 중요한 것이 공적으로 인정되는 인증서이다. 나는 현업에서 20, 30여 년간 직장을 다녔기 때문에 일하는 어떤 분야에 대한 전문가라고 할 수 있다. 그렇지만 일한 것만으로 나를 확실하게 표현하는 것은 다소 부족하다. 그렇게 일한 능력을 객관화하여 증명할 필요가 있다. 아래 학습능력 계획표의 예시와 작성방법을 보고, 구체적이고 실용적인 나만의 계획표를 완성해 보자.

**표 22** 나의 학습능력 향상 계획표 예시

| 필요학습<br>내용 | 현<br>수준 | 목표<br>수준 | 일정 | 달성방법 | 비고 |
|---|---|---|---|---|---|
| 1. 중국어<br>비즈니스 가능<br>수준 | 전혀<br>못 함 | HSK 5급<br>취득, 회화<br>가능 | 2022년<br>3월<br>퇴직 전 | * 중국어 기초<br>주말반 등록<br>* 전화 중국어<br>회화 등록 | |
| 2. 경영지도사<br>자격증 취득 | 경영학<br>졸업 | 자격증<br>취득 | 2020년<br>5월 | * 전문기관<br>* 틈새 시간,<br>주말 활용 | |

**[워크시트 23] 나의 학습능력 향상 계획표 작성법**

① 내가 원하는 일자리 경로에 필요한 학습 내용을 필요 학습 내용에 기입한다.

② 현 수준과 목표 수준, 일정과 달성방법을 기입하는데, 정확한 등급 수준, 기한, 실행날짜를 최대한 계수 계량화하여 자세하게 기입한다.

③ 너무 빡빡하거나 어림잡아 잡기보다는 현실적으로 수행 가능한 일정을 기입하는 것을 권장한다.

계획은 수립하였지만, 실행이 항상 문제이다. 실행력을 향상하기 위해서 단기간에 목표를 완성하겠다는 관점에서 벗어나자. 매일 식사를 하는 것처럼 나만의 시간을 별도로 만들자. 꾸준히 생활화하겠다는 가벼운 마음가짐이 중요하다.

# 나의 학습능력 향상 계획표

| 필요 학습내용 | 현 수준 | 목표 수준 | 일정 | 달성방법 | 비 고 |
|---|---|---|---|---|---|
|  |  |  |  |  |  |
|  |  |  |  |  |  |
|  |  |  |  |  |  |
|  |  |  |  |  |  |
|  |  |  |  |  |  |
|  |  |  |  |  |  |
|  |  |  |  |  |  |
|  |  |  |  |  |  |
|  |  |  |  |  |  |

## 2) 핵심 역량의 핵심과 계획

목표가 세워졌다면 지금까지의 경험을 최대한 활용 가능하도록 하는 노력도 필요하다. 남은 직장 생활 동안 현업에 더욱 충실하고, 그 분야의 차별화된 전문가가 되도록 계획을 세워야 한다. 경험을 성과 중심으로 계수 계량화하여 표현하자. 자기만의 차별화된 프로그램과 툴(tool)도 개발하자. 또 하나의 중요한 사실은 직급이 올라가더라도 계속 일을 손에서 놓지 말아야 하는 것이다. 직급이 올라갈수록 구두로 지시를 하고 큰 그림을 잡아주는 일을 많이 한다. 직접 보고서를 기획하거나 쓰기보다는 보고서를 받고 검토하는 입장이었을 것이다. 이제 퇴직을 하면 모든 일을 나 혼자 하게 된다. 스스로 모든 것을 작성해야 하고, 헤쳐나가야 한다. 주위에도 퇴직 후 이런 실무감각을 잃어버려서 고생하고 있는 분들이 많이 있다. 나이가 많다고 뒤로 처지는 것을 당연하게 생각하지 말고, 계속해서 실무감각을 유지하자. 미래 비전을 가지고 뉴 에너지 확보를 위하여 아래와 같이 미래의 하고 싶은 일, 필요역량, 현 수준, 목표 수준, 일정, 달성방법 순으로 정리해 보자.

**표 23** 나의 핵심역량 향상 계획표 예시

| 미래의 일<br>(목표) | 필요<br>역량 | 현<br>수준 | 목표 수준 | 일정 | 달성방법 |
|---|---|---|---|---|---|
| 1.원가<br>컨설팅 교육 | 해당 분야<br>컨설팅<br>경험, 자격 | 경험<br>없음 | 원가 컨설팅<br>가능 수준,<br>PPT 작성<br>능숙한 수준 | 2023년<br>상반기 | *컨설팅업체<br>교육수강, 실습,<br>자격취득<br>*컴퓨터학원수강 |
| 2.임대업<br>개인 사업 | 사업계획서,<br>투자계획서 | 사업<br>계획서<br>초안 | 임대업분야<br>사업계획서,<br>스타트업<br>투자계획서 완성 | 2022년<br>3월<br>퇴직 전 | *중기청<br>무료특강 수강<br>*시니어 일자리<br>관련 상담받아서<br>전문가 자문 |

## [워크시트 24] 핵심역량 향상 계획표 작성법

① 미래에 내가 하고 싶은 일(목표)을 기입한다.

② 해당 일을 하기 위해서 어떤 역량이 필요한지 찾아보고 자세히 기입한다.

③ 현 수준, 목표 수준, 일정을 최대한 계수 계량화하여 자세하게 기입한다.

④ 달성 방법은 내가 꼭 실행해야 하는 사항이므로, 해당 역량을 위해 내가 구체적으로 어떤 방법을 이용해야 하는지 충분한 자료수집을 한 뒤 그 과정을 자세하게 기입한다.

# 나의 핵심역량 향상 계획표

| 미래의 일<br>(목표) | 필요역량 | 현 수준 | 목표 수준 | 일정 | 달성방법 | 비 고 |
|---|---|---|---|---|---|---|
| | | | | | | |
| | | | | | | |
| | | | | | | |
| | | | | | | |
| | | | | | | |
| | | | | | | |
| | | | | | | |
| | | | | | | |
| | | | | | | |

### 3) 관계능력의 핵심과 계획

인간은 사회적 동물이다. 우리는 태어나서부터 지금까지 끊임없이 누군가와 관계를 맺으면서 살아왔다. 좋은 관계는 신뢰로 이어지고 신뢰는 상호 간의 믿음으로 연결된다. 이러한 믿음은 장기간에 걸쳐 형성되는 소중한 자산이다. 개인 모임, 연구회, 동창회, 동호회 등 퇴직 후 사회에 나와서 만들거나 들어갈 수 있는 커뮤니티는 어떤 것이 있을까? 특히 퇴직을 앞둔 나에게 필요한 커뮤니티는 무엇인가? 나의 인생 제3막 준비를 위하여 도움을 받을 수 있는 네트워크는 무엇이 있는가?

실제 퇴직 후 일자리는 지인이나 관련 커뮤니티를 통해 알게 되거나 추천을 받아서 얻게 되는 경우가 많이 있다. 퇴직자를 위한 일자리에 지원하는 구직자들의 스펙이 비슷하다면, 아는 사람이나 소개받은 사람, 같은 커뮤니티에 있는 사람을 추천하거나 채용할 확률이 높기 때문이다.

### ① 퇴직 후 일자리를 위한 관계 마인드맵과 관계 리스트

퇴직 이후 일자리 찾기와 관련하여 나의 관계망을 한눈에 볼 수 있는 것이 나의 관계 마인드맵[그림 23]이다. 연결 구조는 나를 중심으로 관계 카테고리가 확장되는 형태로, ① 관계 카테고리의 ②, ③ 상세 모임이나 관련자, ④ 만남 주기, ⑤ 관계지수(1~5점)로 연결된다. 관계지수는 퇴직 후 나의 일자리에 도움을 주는 정도에 따라서 점수를 부여한다.

[그림 22] 퇴직 후 일자리를 위한 관계 마인드맵 상세

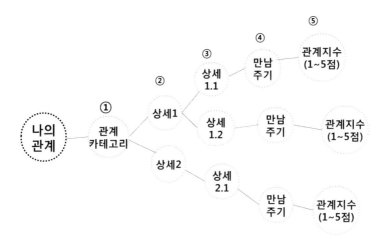

아래는 퇴직 후 일자리를 위한 나의 관계 마인드맵 예시이다.

[그림 23] 퇴직 이후를 위한 관계 마인드맵 예시

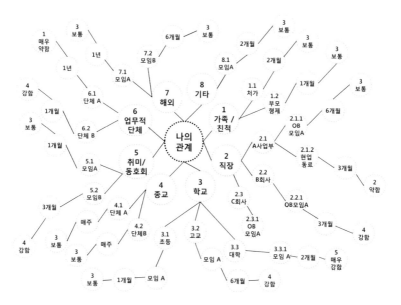

퇴직 이후를 위한 관계 마인드맵 [그림 23]을 설명하면, 먼저 '나의 관계'를 중심으로 8가지의 관계 카테고리(가족/친척, 직장, 학교, 종교, 동호회, 업무적 단체, 해외, 기타)를 분류한다. 예를 들어 현재 직장(2)에서는 주요 네트워크인 A 사업부(2.1)의 OB 모임 A(2.1.1)와 친한 동료(2.1.2)를 차례로 기입한다. 연결선을 통해 얼마나 자주 만나는지 만남 주기를 기입한다. 마지막으로 해당 모임이나 관련자가 나의 퇴직 후 일자리에 도움을 주는 정도를 관계지수를 1(매우 약함)~5(매우 강함)로 변환하여 기입한다. 결과를 정리하면 현재 나의 직장(2)에서 주요 인맥으로는 A 사업부(2.1)에서는 퇴직 후 별로 도움을 받을 수 없지만, B 회사(2.2)의 OB 모임 A(2.2.1)에서 꽤 도움을 받을 수 있을 것으로 예상된다

이제 앞서 작성한 [워크시트 7]을 참고하여, 내가 지금까지 쌓은 관계, 인맥, 모임 등을 종합해 퇴직 이후를 위한 관계 마인드맵을 작성해보자. 자세한 방법은 다음과 같다.

## [워크시트 25] 퇴직 후 일자리를 위한 관계 마인드맵 작성법

퇴직 후 일자리를 위한 관계 마인드맵의 구성은 아래와 같다.

### 나의관계-관계 카테고리-상세모임이나 관련자-만남주기-관계지수

① 나의 관계를 중심으로 관계 카테고리 대분류(가족/친척, 직장, 학교, 종교, 동호회, 업무적 단체, 해외, 기타)를 연결선을 이어서 기입한다.

② 연결선을 추가하여 모임이나 관련자 1차 상세사항(예-경영지원부, 등산모임 등)을 기입한다.

③ 같은 모임에서 더 세부적인 모임이나 관련자가 있는 경우는 2차 상세사항(예-동료 A, 분당구 골프 소모임 등)을 기입한다.

④ 만남 주기를 몇 개월, 몇 년 등 숫자화하여 기입한다.

⑤ 퇴직 후 일자리에 도움이 되는 관계지수를 1~5점으로 기입한다(1: 매우 약함, 2: 약함, 3: 보통, 4: 강함, 5: 매우 강함 순).

# 퇴직 후 일자리를 위한 관계 마인드맵

나의 관계

더욱 자세한 관계진단을 위하여 추가로 단순한 표를 이용하는 방법도 있다. 기본적인 내용은 '퇴직 후 일자리를 위한 관계 마인드맵'과 동일하다. 관계 리스트에는 어떤 부분을 중점적으로 도움을 받을 수 있는지 기입할 수 있어서 보다 구체적인 정리가 가능하다.

표 24 퇴직 후 일자리를 위한 관계 리스트 예시

| No. | 카테고리 | 상세(모임명) | 관계자명 | 관계지수 | 도움 부분 | 비고 |
|---|---|---|---|---|---|---|
| 1 | 가족/친척 | 형제 | 박OO | 1 | 인생상담 | |
| 2 | 직장 | A 사업부 OB 모임 | 김OO | 3 | 진로상담 | |
| 3 | 학교 | 대학 동창회 | 장OO | 5 | 업체소개 | |

다음의 설명을 참고하여 나의 네트워크에 관한 관계지수와, 도움이 되는 부분을 상세히 정리해 보자.

직장인이여 제2의 엔진을 돌려라

**[워크시트 26] 퇴직 후 일자리를 위한 관계 리스트 작성법**

① 나를 기준으로 관계 카테고리 대분류(가족/친척, 직장, 학교, 종교, 동호회, 업무적 단체, 해외, 기타)를 기입한다.

② 상세 모임명을 기입한다(대학 동창회, 현 직장 A 사업부 모임, 형제 등).

③ 해당 모임에서 도움을 받을 수 있는 관계자를 기입한다.

④ 퇴직 후 일자리에 도움이 되는 관계지수를 1~5점으로 매겨서 기입한다(1: 매우 약함, 2: 약함, 3: 보통, 4: 강함, 5: 매우 강함).

⑤ 구체적으로 어떤 도움을 받을 수 있는지(인생상담, 진로상담, 일자리 소개, 자본금 투자)를 구체적으로 기입한다.

⑥ 내용이 많을 경우에는 아래 정리표를 참고하여 엑셀작성을 권장한다.

# 퇴직 후 일자리를 위한 관계 리스트

| No. | 카테고리 | 상세 모임명 | 관계자명 | 관계지수 | 도움 부분 | 비고 |
|-----|---------|------------|---------|---------|----------|------|
|     |         |            |         |         |          |      |
|     |         |            |         |         |          |      |
|     |         |            |         |         |          |      |
|     |         |            |         |         |          |      |
|     |         |            |         |         |          |      |
|     |         |            |         |         |          |      |
|     |         |            |         |         |          |      |
|     |         |            |         |         |          |      |
|     |         |            |         |         |          |      |
|     |         |            |         |         |          |      |

## ② 퇴직 후 일자리를 위한 관계 점수

이제, 위의 퇴직 후 일자리를 위한 관계리스트 분석을 통하여 퇴직 후 나는 주변으로 얼마나 도움을 받을 수 있는지 점수를 계산해 보자. 먼저 각 항목에서 몇 명이 집계되었는지 파악하여 기억하자. 이 중 관계점수 측정에는 총인원과 '가능'/'매우 가능'의 인원 수만 사용할 예정이므로, 아래 워크시트에 간단히 기입하여 놓자.

## 나의 관계 중 도움 가능/매우 가능 인원수

| 총인원수 | 가능 (4점) 인원수 | 매우 가능 (5점) 인원수 |
|---|---|---|
|  |  |  |

아래 환산표를 참고하여 도움관계 점수를 계산해 보자. 환산표와 도출식은 아래와 같다.

**표 25** 관계지수와 관계점수 환산표

| 도움 정도 | 관계지수 | 도움관계 점수환산 |
|---|---|---|
| 가능 | 4 | 80점 |
| 매우 가능 | 5 | 100점 |

\* 관계점수 도출식

> (매우 가능 환산점수 100점 × 매우 가능 인원수)
>
> + (가능 환산점수 80점 × 가능 인원수 )
>
> ÷ 총인원수

[그림 22]의 예시에서 '매우 가능' 인원수가 1명, '가능' 인원수가 3명, '총인원'이 13명이었으므로 해당 식에 대입하면

(100×1) + (80×3) ÷ 13 = 26점이 도출된다. 이는 나의 현재 관계에서 약 26% 정도가 나의 퇴직 후 일자리에 도움을 줄 수 있다는 것을 의미한다.

이제 나의 관계점수를 환산해 볼 차례이다. 먼저 내가 작성한 [워크시트 26]을 참고하여 도움 관계점수 도출식에 대입해 보자.

WORKSHEET 28

## 퇴직 후 일자리를 위한 관계점수

> (매우 가능 환산점수 100 × 매우 가능 인원 수)
>
> + (가능 환산점수 80 × 가능 인원수) ÷ 총인원 수
>
> =        점 ( =       % )

퇴직 후 일자리를 위한 관계 점수는 몇 점인가? 현재 나의 네트워크에서 몇 % 정도가 나의 퇴직 후 일자리에 도움을 줄 수 있는가?

퇴직 후 일자리를 위한 도움 관계 점수가 만약 생각보다 낮게 나왔다면, 앞으로 더 생산적인 네트워크를 추가적으로 만들거나 유지해야 할 동기와 필요성이 생겼다. 그렇다면 어떠한 관계를 더 돈독히 하거나, 혹은 새로 만들어야 할지 구체적인 계획을 세워보자.

**표 26** 관계능력 향상 계획표 예시

| 네트워크 | 활용 부분 | 향상방법 | 일정 | 비 고 |
|---|---|---|---|---|
| 1. 사내 퇴직 예정자 모임 | 정보공유, 일자리소개 | 매달 1회 모임, 카톡방 참여 | 2023년 9월 | |
| 2. 마케팅 스터디 | 마케팅 자격증 취득 | 주 1회 스터디, 카톡방 참여 | 2023년 6월 | |
| 3. 고교 동창회 | 일자리 소개, 창업정보공유, 동업자 찾기 | 동창회 참석, 창업희망자 소모임 참석 | 2023년 5월 | |

다음의 관계 향상계획 작성법을 참고하여 구체적인 나의 계획을 세워 보자.

## [워크시트 29] 나의 관계능력 향상 계획표 작성법

① 현재 내가 가지고 있거나, 추후 만들고 싶은 네트워크를 기입한다.

② 나의 퇴직 후 일자리에 어떻게 활용할 수 있을지 기입한다.

③ 어떻게 참여하여 관계를 향상할지 자세히 기입한다.

④ 언제 네트워킹을 시작할 것인지 기입한다.

# 나의 관계능력 향상 계획표

| 네트워크 | 활용 부분 | 향상 방법 | 일정 | 비 고 |
|---|---|---|---|---|
|  |  |  |  |  |
|  |  |  |  |  |
|  |  |  |  |  |
|  |  |  |  |  |
|  |  |  |  |  |
|  |  |  |  |  |
|  |  |  |  |  |
|  |  |  |  |  |
|  |  |  |  |  |
|  |  |  |  |  |

## ② NQ(Network Quotient 공존지수) 18계명

관계능력을 향상하기 위해서, 아래의 NQ(Network Quotient 공존지수)
18계명을 참고하자.

**1. 꺼진 불도 다시 보자.**

지금 힘이 없는 사람이라고 우습게 보지 마라. 나중에 큰코다
칠 수 있다.

**2. 평소에 잘해라**

평소에 쌓아둔 공덕은 위기 때 빛을 발한다.

**3. 본인의 밥값은 본인이 내고, 남의 밥값도 본인이 내라.**

기본적으로 자기 밥값은 자기가 내는 것이다. 남이 내주는 것
을 당연하게 생각하지 마라.

**4. 고마우면 '고맙다'고, 미안하면 '미안하다'고 큰 소리로 말해라.**

입은 말하라고 있는 것이다. 마음으로 고맙다고 생각하는 것
은 인사가 아니다. 남이 나의 마음속까지 읽을 만큼 한가하
지 않다.

**5. 남을 도와줄 때는 화끈하게 도와줘라.**

처음에 도와주다가 나중에 흐지부지하거나 조건을 덜지 마
라. 괜히 품만 팔고 욕먹는다.

## 6. 남의 험담을 하지 말라.

그럴 시간 있으면 팔굽혀 펴기나 해라.

## 7. 회사 바깥사람들도 많이 사귀어라.

자기 회사 사람들하고만 놀면 우물 안 개구리가 된다. 그리고 회사가 당신을 버리면 당신은 혼자가 된다.

## 8. 불필요한 논쟁을 하지 마라. 회사는 학교가 아니다.

## 9. 회사 돈이라고 함부로 쓰지 마라.

사실은 모두가 다 보고 있다. 내가 잘나갈 때는 그냥 두지만, 결정적인 순간에는 발목이 잡힌다.

## 10. 남의 기획을 비판하지 마라.

당신이 쓴 기획서를 떠올려 봐라

## 11. 가능한 한 옷을 잘 입어라.

외모는 생각보다 훨씬 중요하다. 할인점 가서 열 벌 살 돈으로 좋은 옷 한 벌 사 입어라.

## 12. 조의금은 많이 내라.

부모를 잃은 사람은 이 세상에서 가장 가엾은 사람이다. 사람이 슬프면 조그만 일에도 예민해진다. 2만~3만 원 아끼지 마라. 나중에 다 돌아온다.

### 13. 수입의 1% 이상은 기부해라.

마음이 넉넉해지고 얼굴이 핀다.

### 14. 수위 아저씨, 청소부 아줌마에게 잘해라.

정보의 발신지이자 소문의 근원일뿐더러, 당신 부모의 다른
모습이다.

### 15. 옛 친구들을 챙겨라.

새로운 네트워크를 만드느라 지금 가지고 있는 최고의 재산
을 소홀히 하지 마라. 정말 힘들 때 누구에게 가서 울겠느냐?

### 16. 나 자신을 발견해라.

다른 사람들 생각하느라 당신을 잃어버리지 마라. 일주일
에 한 시간이라도 좋으니 혼자서 조용히 생각하는 시간을
가져라.

### 17. 지금 이 순간을 즐겨라.

지금 당신이 살고 있는 이 순간은 나중에 내 인생의 가장 좋
은 추억이다. 나중에 후회하지 않으려면 마음껏 즐겨라.

### 18. 아내(남편)를 사랑해라.

당신을 참고 견디니 얼마나 좋은 사람이냐?

〈출처 : 『NQ로 살아라』 中 (김무곤 지음, 김영사) 〉

직장인이여 제2의 엔진을 돌려라

## 3 인생 3막을 위한
### 제2 엔진 제작과 목표 설정

　지금까지 나는 인생 3막을 준비하기 위한 현상 파악, 탐색, 수렴, 계획의 모든 단계를 마쳤다. 이제 마지막으로, 퇴직 후를 위한 제2 엔진을 만들기 위해 인생 3막을 위한 목표 설정 정리표를 작성해 보자. 지금까지 작성한 워크시트를 전부 활용하여 구체적으로 작성하는 것이 좋다. 내용이 많으므로 엑셀 정리를 하는 것도 추천한다.

# 인생 3막을 위한 목표 설정 정리표

| | 항목 | 정리 내용 | 비고 |
|---|---|---|---|
| 1 | 이름 | | |
| 2 | 생년 월일(나이) | | |
| 3 | 연금수령시기 및 예상금액 | | |
| 4 | 예상퇴직 시기 (연도,나이) | | |
| 5 | 100세 인생에서의 현재 시각? | | 워크시트 1 |
| 6 | 퇴직시 나와 가족의 예상 상황 | | 워크시트 4 |

직장인이여 제2의 엔진을 돌려라

| | | | |
|---|---|---|---|
| 7 | 학습능력 향상 계획 | | 워크시트 23<br>주요학력, 어학능력, 자격증 등 |
| 8 | 일의 핵심능력<br>향상 계획 | | 워크시트 24<br>차별화된<br>핵심능력 |
| 9 | 관계능력 향상 계획 | | 워크시트 29<br>퇴직 후 일자리와 연계 가능한<br>주요 관계 |
| 10 | 현재까지의 경력으로<br>퇴직 후 어떤 직업을<br>가질 수 있을 것인가? | | 생각나는 직업<br>자유롭게 열거 |
| 11 | 취업후 나의 예상 진로 | | 워크시트 14<br>일자리경로 매트릭스로부터 추출 |
| 12 | 탐색한 상세 직업군 | | 워크시트 16~21<br>에서 추출 |

Chapter **06**

목표 선언

## ① 현직에 있을 때 목표를 세우고
### 천천히 꾸준하게

1만 시간의 법칙에 대해 들어본 적이 있을 것이다. 자신의 분야에서 최고의 자리에 오르기 위해서는 선천적 재능 대신 1만 시간 정도 꾸준히 노력해야 한다. 퇴직을 앞둔 내가 가져야 할 가장 중요한 것은 계획을 세우고 지속적인 실행력으로 퇴직 이후를 준비하는 것이다. 만약 영어공부가 필요하다면 지금 당장 시작해서 하루 10분이라도 매일 공부하자. 퇴직 후 개인사업을 해서 성공하고 싶다면 내일이라도 전문가를 찾아 자문을 구해 보자. 눈에 보이는 결과치가 없다고 너무 힘들어하지 말자. 모든 성공에는 임계점이 있고, 하루아침에 폭발적으로 성장하는 나무는 없다. 저마다 하루하루 조금씩 자라나서 거대한 아름드리나무가 되는 것이다. 목표만 정확히 잡아서 몰입에 몰입을 더하면, 그 분야에 대한 길이 보이고 나의 탁월성이 드러난다. 꾸준히 반복해서 노력하는 것은 어느 분야에서든지 성공할 수 있는 가장 작은 지혜이다.

다시 한번 강조한다. 현직에 있을 때 목표를 세우고, 부지런함과 끈기를 장착하고 퇴직 후 사용할 제2의 엔진을 만들자. 꾸준한 실천을 통해 퇴직 후 성공적인 인생 3막의 연착륙을 멋지게 이루기를 바란다.

직장인이여 제2의 엔진을 돌려라

## ② 퇴직 후 목표를 위한 자기 선언!

지금까지 나는 내 주변의 환경 변화를 인식하고, 개인 변화를 통하여 인생 3막을 잘 준비하기 위한 전략을 구체적으로 세워 계획을 작성하였다. 제2의 엔진을 만들기 위한 마지막 단계로, 원대한 목표를 선언한다.

### 퇴직 후 목표를 위한 자기선언

퇴직 후 나는 ＿＿＿＿＿＿＿＿＿＿＿＿분야의 전문가가 되어,

＿＿＿＿＿＿＿＿＿＿＿＿에 종사하며

멋진 인생 제3막을 만들어 가겠다!

지금 나는 인생의 2막 후반부에 서 있다. 내 앞에 어떤 길이 펼쳐질지, 인생 3막과 4막이 어떻게 흘러갈지 아무도 모른다. 금전과 건강을 차치하고, 퇴직 후 마음에 새길 지혜를 생각해 보자.

**첫째, 육체가 허락할 때까지 항상 일과 함께한다** (Work). 경제적 도움을 주는 일이든, 봉사활동이든 계속 일을 하자. 작은 일이라도 맡아서 하는 것이 일없이 시간만 보내는 것보다 더 의미 있다.

**둘째, 인생을 즐겨야 한다**(Play). 공자의 『논어』 말씀에 '유붕 자원방래 불역낙호(有朋 自遠方來 不亦樂乎): 벗이 있어 먼 곳으로부터 찾아오면 또한 즐겁지 아니한가'라는 구절이 있다. 평생 함께할 좋은 친구는 젊을 때 사귀는 것이다. 퇴직 후 혼자 있는 나의 모습을 생각해보자. 평소 인생의 주변 동반자들과 즐거움을 나누고, 더불어 사는 것이 행복이다.

**셋째, 끝까지 배워야 한다.**(Learn). 공자의『논어』말씀에 '학이시습 지면 불역열호아(學而 時習之면 不亦說乎아): 배우고 계속 익히니 어찌 즐겁지 않겠는가?'라 하였다. 예나 지금이나 배움의 열정으로 끊임없이 탐구하고, 겸손한 자세로 노력해야 한다. 습득하여 실천해야 한다.

**넷째, 사랑해야 한다**(Love). 먼저 나 자신을 사랑하고, 그다음 가족, 주위, 사회, 국가, 세계를 사랑하자. 세상의 모든 명예와 부를 얻는다 한들 사랑이 없으면 무슨 의미가 있을까? 사랑의 마음은 세상 무엇보다 값지고 아름답다.

# ◎ 별첨

한국 표준 산업 분류

| 중분류 | 세세분류 |
|---|---|
| 항목명 | 항목명 |
| 농업 | 곡물 및 기타 식량작물 재배업, 채소작물 재배업<br>화훼작물 재배업, 종자 및 묘목 생산업<br>과실작물 재배업, 음료용 및 향신용 작물 재배업<br>기타 작물 재배업, 콩나물 재배업<br>채소, 화훼 및 과실작물 시설 재배업, 기타 시설작물 재배업,<br>젖소 사육업, 육우 사육업, 양돈업, 양계업<br>기타 가금류 및 조류 사육업, 말 및 양 사육업, 그 외 기타 축산업,<br>작물재배 및 축산 복합농업<br>작물재배 지원 서비스업<br>농산물 건조, 선별 및 기타 수확 후 서비스업<br>축산 관련 서비스업, 수렵 및 관련 서비스업 |
| 임업 | 임업용 종묘 생산업 육림업, 벌목업<br>임산물 채취업, 임업 관련 서비스업 |
| 어업 | 원양 어업, 연근해 어업, 내수면 어업<br>해수면 양식 어업, 내수면 양식 어업<br>수산물 부화 및 수산 종자 생산업 |
| 석탄, 원유 및<br>천연가스 광업 | 석탄 광업, 원유 및 천연가스 채굴업 |
| 금속 광업 | 철 광업, 비철금속 광업 |
| 비금속광물 광업;<br>연료용 제외 | 석회석 및 점토 광업<br>건설용 석재 채굴 및 쇄석 생산업<br>모래 및 자갈 채취업<br>화학용 및 비료 원료용 광물 광업<br>천일염 생산 및 암염 채취업<br>그 외 기타 비금속광물 광업 |
| 광업 지원<br>서비스업 | 광업 지원 서비스업 |

| | |
|---|---|
| 식료품 제조업 | 육류 도축업(가금류 제외), 가금류 도축업<br>가금류 가공 및 저장 처리업<br>육류 포장육 및 냉동육 가공업(가금류 제외)<br>육류 기타 가공 및 저장 처리업(가금류 제외)<br>수산동물 훈제, 조리 및 유사 조제식품 제조업<br>수산동물 건조 및 염장품 제조업<br>수산동물 냉동품 제조업<br>기타 수산동물 가공 및 저장 처리업<br>수산식물 가공 및 저장 처리업<br>김치류 제조업, 과실 및 그 외 채소 절임식품 제조업<br>기타 과실·채소 가공 및 저장 처리업<br>동물성 유지 제조업, 식물성 유지 제조업<br>식용 정제유 및 가공유 제조업<br>액상 시유 및 기타 낙농제품 제조업<br>아이스크림 및 기타 식용 빙과류 제조업<br>곡물 도정업, 곡물 제분업<br>곡물 혼합 분말 및 반죽 제조업<br>기타 곡물 가공품 제조업, 전분제품 및 당류 제조업<br>떡류 제조업, 빵류 제조업, 과자류 및 코코아 제품 제조업<br>설탕 제조업, 면류, 마카로니 및 유사 식품 제조업<br>식초, 발효 및 화학 조미료 제조업<br>천연 및 혼합 조제 조미료 제조업<br>장류 제조업, 기타 식품 첨가물 제조업<br>도시락류 제조업, 기타 식사용 가공처리 조리식품 제조업<br>커피 가공업, 차류 가공업, 수프 및 균질화식품 제조업<br>두부 및 유사 식품 제조업, 인삼식품 제조업<br>건강 보조용 액화식품 제조업, 건강 기능식품 제조업<br>그 외 기타 식료품 제조업, 배합 사료 제조업<br>단미사료 및 기타 사료 제조업 |
| 음료 제조업 | 탁주 및 약주 제조업, 맥아 및 맥주 제조업<br>기타 발효주 제조업, 주정 제조업, 소주 제조업<br>기타 증류주 및 합성주 제조업, 얼음 제조업<br>생수 생산업, 기타 비알코올 음료 제조업 |
| 담배 제조업 | 담배제품 제조업 |

| | |
|---|---|
| 섬유제품 제조업;<br>의복 제외 | 면 방적업, 모 방적업, 화학섬유 방적업<br>연사 및 가공사 제조업, 기타 방적업, 면직물 직조업<br>모직물 직조업, 화학섬유직물 직조업<br>특수직물 및 기타 직물 직조업<br>침구 및 관련제품 제조업,<br>자수제품 및 자수용 재료 제조업<br>커튼 및 유사 제품 제조업,<br>천막, 텐트 및 유사 제품 제조업, 직물포대 제조업<br>기타 직물제품 제조업, 편조 원단 제조업<br>솜 및 실 염색 가공업<br>직물, 편조 원단 및 의복류 염색 가공업<br>날염 가공업, 섬유제품 기타 정리 및 마무리 가공업<br>카펫, 마루덮개 및 유사 제품 제조업<br>끈 및 로프 제조업, 어망 및 기타 끈 가공품 제조업<br>세폭직물 제조업, 부직포 및 펠트 제조업<br>특수사 및 코드직물 제조업,<br>표면처리 및 적층 직물 제조업<br>그 외 기타 분류 안 된 섬유제품 제조업 |
| 의복, 의복 액세<br>서리 및 모피제품<br>제조업 | 남자용 겉옷 제조업, 여자용 겉옷 제조업<br>속옷 및 잠옷 제조업, 한복 제조업<br>셔츠 및 블라우스 제조업<br>근무복, 작업복 및 유사 의복 제조업<br>가죽의복 제조업, 유아용 의복 제조업<br>그 외 기타 봉제의복 제조업<br>모피제품 제조업, 편조의복 제조업<br>스타킹 및 기타양말 제조업<br>기타 편조 의복 액세서리 제조업, 모자 제조업<br>그 외 기타 의복 액세서리 제조업 |
| 가죽, 가방 및 신<br>발 제조업 | 모피 및 가죽 제조업, 핸드백 및 지갑 제조업<br>가방 및 기타 보호용 케이스 제조업<br>기타 가죽제품 제조업, 구두류 제조업<br>기타 신발 제조업, 신발 부분품 제조업 |

| | |
|---|---|
| 목재 및 나무제품 제조업; 가구 제외 | 일반 제재업<br>표면 가공목재 및 특정 목적용 제재목 제조업<br>목재 보존, 방부처리, 도장 및 유사 처리업<br>박판, 합판 및 유사 적층판 제조업<br>강화 및 재생 목재 제조업<br>목재 문 및 관련제품 제조업<br>기타 건축용 나무제품 제조업<br>목재 깔판류 및 기타 적재판 제조업<br>목재 포장용 상자, 드럼 및 유사 용기 제조업<br>목재 도구 및 주방용 나무제품 제조업<br>장식용 목제품 제조업, 그 외 기타 나무제품 제조업<br>코르크 및 조물 제품 제조업 |
| 펄프, 종이 및 종이제품 제조업 | 펄프 제조업, 신문용지 제조업<br>인쇄용 및 필기용 원지 제조업<br>크라프트지 및 상자용 판지 제조업<br>적층, 합성 및 특수 표면처리 종이 제조업<br>위생용 원지 제조업, 기타 종이 및 판지 제조업<br>골판지 제조업, 골판지 상자 및 가공제품 제조업<br>종이 포대 및 가방 제조업, 판지 상자 및 용기 제조업<br>식품 위생용 종이 상자 및 용기 제조업<br>기타 종이 상자 및 용기 제조업<br>문구용 종이제품 제조업, 위생용 종이제품 제조업<br>벽지 및 장판지 제조업<br>그 외 기타 종이 및 판지 제품 제조업 |
| 인쇄 및 기록매체 복제업 | 경 인쇄업, 스크린 인쇄업, 오프셋 인쇄업, 기타 인쇄업<br>제판 및 조판업, 제책업, 기타 인쇄관련 산업<br>기록매체 복제업 |
| 코크스, 연탄 및 석유정제품 제조업 | 코크스 및 관련제품 제조업<br>연탄 및 기타 석탄 가공품 제조업<br>원유 정제처리업, 윤활유 및 그리스 제조업<br>기타 석유 정제물 재처리업 |

| | |
|---|---|
| 화학 물질 및 화학제품 제조업; 의약품 제외 | 석유화학계 기초 화학 물질 제조업<br>천연수지 및 나무 화학 물질 제조업<br>석탄화학계 화합물 및 기타 기초 유기화학 물질 제조업<br>산업용 가스 제조업, 기타 기초 무기화학 물질 제조업<br>무기 안료용 금속 산화물 및 관련 제품 제조업<br>염료, 조제 무기 안료, 유연제 및 기타 착색제 제조업<br>합성고무 제조업<br>합성수지 및 기타 플라스틱 물질 제조업<br>혼성 및 재생 플라스틱 소재 물질 제조업<br>질소 화합물, 질소·인산 및 칼리질 화학비료 제조업<br>복합비료 및 기타 화학비료 제조업<br>유기질 비료 및 상토 제조업<br>화학 살균·살충제 및 농업용 약제 제조업<br>생물 살균·살충제 및 식물보호제 제조업<br>일반용 도료 및 관련제품 제조업<br>요업용 도포제 및 관련제품 제조업<br>인쇄 잉크 및 회화용 물감 제조업<br>계면활성제 제조업, 치약, 비누 및 기타 세제 제조업<br>화장품 제조업<br>표면 광택제 및 실내 가향제 제조업<br>감광 재료 및 관련 화학제품 제조업<br>가공 및 정제염 제조업, 접착제 및 젤라틴 제조업<br>화약 및 불꽃제품 제조업, 바이오 연료 및 혼합물 제조업<br>그 외 기타 분류 안된 화학제품 제조업<br>합성섬유 제조업, 재생 섬유 제조업 |
| 의료용 물질 및 의약품 제조업 | 의약용 화합물 및 항생물질 제조업<br>생물학적 제제 제조업, 완제 의약품 제조업<br>한의약품 제조업, 동물용 의약품 제조업<br>의료용품 및 기타 의약 관련제품 제조업 |

| | |
|---|---|
| 고무 및 플라스틱<br>제품 제조업 | 타이어 및 튜브 제조업, 타이어 재생업<br>고무 패킹류 제조업<br>산업용 그 외 비경화 고무제품 제조업<br>고무 의류 및 기타 위생용 비경화 고무제품 제조업<br>그 외 기타 고무제품 제조업<br>플라스틱 선, 봉, 관 및 호스 제조업<br>플라스틱 필름 제조업, 플라스틱 시트 및 판 제조업<br>플라스틱 합성피혁 제조업<br>벽 및 바닥 피복용 플라스틱 제품 제조업<br>설치용 및 위생용 플라스틱제품 제조업<br>플라스틱 창호 제조업<br>기타 건축용 플라스틱 조립제품 제조업<br>플라스틱 포대, 봉투 및 유사제품 제조업<br>포장용 플라스틱 성형용기 제조업<br>운송장비 조립용 플라스틱제품 제조업<br>기타 기계·장비 조립용 플라스틱제품 제조업<br>폴리스티렌 발포 성형제품 제조업<br>기타 플라스틱 발포 성형제품 제조업<br>플라스틱 접착처리 제품 제조업<br>플라스틱 적층, 도포 및 기타 표면처리 제품 제조업<br>그 외 기타 플라스틱 제품 제조업 |
| 비금속 광물제품<br>제조업 | 판유리 제조업, 안전유리 제조업<br>기타 판유리 가공품 제조업<br>1차 유리제품, 유리섬유 및 광학용 유리 제조업<br>디스플레이 장치용 유리 제조업<br>기타 산업용 유리제품 제조업<br>가정용 유리제품 제조업, 포장용 유리용기 제조업<br>그 외 기타 유리제품 제조업<br>정형 내화 요업제품 제조업, 부정형 내화 요업제품 제조업<br>가정용 및 장식용 도자기 제조업<br>위생용 및 산업용 도자기 제조업<br>기타 일반 도자기 제조업<br>점토 벽돌, 블록 및 유사 비내화 요업제품 제조업<br>타일 및 유사 비내화 요업제품 제조업<br>기타 건축용 비내화 요업제품 제조업 |

| | |
|---|---|
| 비금속 광물제품 제조업 | 시멘트 제조업, 석회 및 플라스터 제조업<br>비내화 모르타르 제조업, 레미콘 제조업<br>플라스터 혼합제품 제조업<br>콘크리트 타일, 기와, 벽돌 및 블록 제조업<br>콘크리트 관 및 기타 구조용 콘크리트제품 제조업<br>그 외 기타 콘크리트 제품 및 유사 제품 제조업<br>건설용 석제품 제조업, 기타 석제품 제조업<br>아스팔트 콘크리트 및 혼합제품 제조업<br>연마재 제조업, 비금속광물 분쇄물 생산업<br>암면 및 유사 제품 제조업<br>탄소섬유 제조업<br>그 외 기타 분류 안된 비금속 광물제품 제조업 |
| 1차 금속 제조업 | 제철업 제강업, 합금철 제조업<br>기타 제철 및 제강업, 열간 압연 및 압출제품 제조업<br>냉간 압연 및 압출 제품 제조업<br>철강선 제조업, 주철관 제조업<br>강관 제조업, 강관 가공품 및 관 연결구류 제조업<br>도금, 착색 및 기타 표면 처리 강재 제조업<br>그 외 기타 1차 철강 제조업<br>동 제련, 정련 및 합금 제조업<br>알루미늄 제련, 정련 및 합금 제조업<br>연 및 아연 제련, 정련 및 합금 제조업<br>기타 비철금속 제련, 정련 및 합금 제조업<br>동 압연, 압출 및 연신제품 제조업<br>알루미늄 압연, 압출 및 연신제품 제조업<br>기타 비철금속 압연, 압출 및 연신제품 제조업<br>기타 1차 비철금속 제조업<br>선철 주물 주조업, 강 주물 주조업<br>알루미늄 주물 주조업, 동 주물 주조업,<br>기타 비철금속 주조업 |

| | |
|---|---|
| 금속 가공제품 제조업; 기계 및 가구 제외 | 금속 문, 창, 셔터 및 관련제품 제조업<br>구조용 금속 판제품 및 공작물 제조업<br>육상 금속 골조 구조재 제조업<br>수상 금속 골조 구조재 제조업<br>기타 구조용 금속제품 제조업<br>산업용 난방보일러 및 방열기 제조업<br>금속 탱크 및 저장 용기 제조업<br>압축 및 액화 가스 용기 제조업<br>핵반응기 및 증기보일러 제조업<br>무기 및 총포탄 제조업, 분말 야금제품 제조업<br>금속 단조제품 제조업, 자동차용 금속 압형제품 제조업<br>그 외 금속 압형제품 제조업, 금속 열처리업, 도금업<br>도장 및 기타 피막 처리업, 절삭 가공 및 유사 처리업<br>그 외 기타 금속 가공업, 날붙이 제조업<br>일반 철물 제조업, 비동력식 수공구 제조업<br>톱 및 호환성 공구 제조업, 볼트 및 너트류 제조업<br>그 외 금속 파스너 및 나사제품 제조업<br>금속 스프링 제조업, 금속선 가공제품 제조업<br>금속 캔 및 기타 포장용기 제조업<br>수동식 식품 가공 기기 및 금속 주방용기 제조업<br>금속 위생용품 제조업, 금속 표시판 제조업<br>피복 및 충전 용접봉 제조업<br>그 외 기타 분류 안된 금속 가공제품 제조업 |
| 전자 부품, 컴퓨터, 영상, 음향 및 통신장비 제조업 | 메모리용 전자집적회로 제조업<br>비메모리용 및 기타 전자집적회로 제조업<br>발광 다이오드 제조업, 기타 반도체 소자 제조업<br>액정 표시장치 제조업, 유기 발광 표시장치 제조업<br>기타 표시장치 제조업, 인쇄회로기판용 적층판 제조업<br>경성 인쇄회로기판 제조업<br>연성 및 기타 인쇄회로기판 제조업<br>전자 부품 실장기판 제조업<br>전자 축전기 제조업, 전자 저항기 제조업<br>전자카드 제조업<br>전자코일, 변성기 및 기타 전자 유도자 제조업<br>전자 감지장치 제조업, 그 외 기타 전자 부품 제조업 |

| | |
|---|---|
| **전자 부품, 컴퓨터, 영상, 음향 및 통신장비 제조업** | 컴퓨터 제조업, 기억 장치 제조업<br>컴퓨터 모니터 제조업, 컴퓨터 프린터 제조업<br>기타 주변 기기 제조업, 유선 통신장비 제조업<br>방송장비 제조업, 이동 전화기 제조업<br>기타 무선 통신장비 제조업, 텔레비전 제조업<br>비디오 및 기타 영상 기기 제조업<br>라디오, 녹음 및 재생 기기 제조업<br>기타 음향기기 제조업, 마그네틱 및 광학 매체 제조업 |
| **의료, 정밀, 광학 기기 및 시계 제조업** | 방사선 장치 제조업, 전기식 진단 및 요법 기기 제조업<br>치과용 기기 제조업<br>정형 외과용 및 신체 보정용 기기 제조업<br>안경 및 안경렌즈 제조업, 의료용 가구 제조업<br>그 외 기타 의료용 기기 제조업<br>레이더, 항행용 무선 기기 및 측량 기구 제조업<br>전자기 측정, 시험 및 분석 기구 제조업<br>물질 검사, 측정 및 분석 기구 제조업<br>속도계 및 적산계기 제조업<br>기기용 자동 측정 및 제어장치 제조업<br>산업 처리공정 제어장비 제조업<br>기타 측정, 시험, 항해, 제어 및 정밀 기기 제조업<br>광학 렌즈 및 광학 요소 제조업<br>사진기, 영사기 및 관련 장비 제조업<br>기타 광학 기기 제조업, 시계 및 시계 부품 제조업 |
| **전기장비 제조입** | 전동기 및 발전기 제조업, 변압기 제조업<br>방전 램프용 안정기 제조업<br>에너지 저장장치 제조업<br>기타 전기 변환장치 제조업<br>전기회로 개폐, 보호 장치 제조업<br>진기회고 접속장치 제꼬업<br>배전반 및 전기 자동제어반 제조업<br>일차전지 제조업, 축전지 제조업<br>광섬유 케이블 제조업, 기타 절연선 및 케이블 제조업<br>절연 코드세트 및 기타 도체 제조업, 전구 및 램프 제조업 |

| | |
|---|---|
| 전기장비<br>제조업 | 운송장비용 조명장치 제조업<br>일반용 전기 조명장치 제조업<br>전시 및 광고용 조명장치 제조업<br>기타 조명장치 제조업, 주방용 전기 기기 제조업<br>가정용 전기 난방기기 제조업<br>기타 가정용 전기 기기 제조업<br>가정용 비전기식 조리 및 난방 기구 제조업<br>전기 경보 및 신호장치 제조업<br>전기용 탄소제품 및 절연제품 제조업<br>교통 신호장치 제조업, 그 외 기타 전기장비 제조업 |
| 기타 기계 및 장<br>비 제조업 | 내연기관 제조업, 기타 기관 및 터빈 제조업<br>유압 기기 제조업, 액체 펌프 제조업<br>기체 펌프 및 압축기 제조업<br>탭, 밸브 및 유사 장치 제조업<br>구름베어링 제조업, 기어 및 동력전달장치 제조업<br>산업용 오븐, 노 및 노용 버너 제조업<br>산업용 트럭 및 적재기 제조업, 승강기 제조업,<br>컨베이어 장치 제조업, 기타 물품 취급장비 제조업<br>산업용 냉장 및 냉동장비 제조업<br>공기 조화장치 제조업, 산업용 송풍기 및 배기장치 제조업<br>기체 여과기 제조업, 액체 여과기 제조업<br>증류기, 열 교환기 및 가스 발생기 제조업<br>사무용 기계 및 장비 제조업, 일반 저울 제조업<br>용기 세척, 포장 및 충전기 제조업<br>분사기 및 소화기 제조업, 동력식 수지 공구 제조업<br>그 외 기타 일반 목적용 기계 제조업<br>농업 및 임업용 기계 제조업<br>전자 응용 절삭기계 제조업<br>디지털 적층 성형기계 제조업, 금속 절삭기계 제조업<br>금속 성형기계 제조업, 기타 가공 공작기계 제조업<br>금속 주조 및 기타 야금용 기계 제조업<br>건설 및 채광용 기계장비 제조업<br>광물 처리 및 취급장비 제조업<br>음·식료품 및 담배 가공기계 제조업<br>산업용 섬유 세척, 염색, 정리 및 가공 기계 제조업 |

| | |
|---|---|
| 기타 기계 및 장비 제조업 | 기타 섬유, 의복 및 가죽 가공기계 제조업<br>반도체 제조용 기계 제조업<br>디스플레이 제조용 기계 제조업, 산업용 로봇 제조업<br>펄프 및 종이 가공용 기계 제조업<br>고무, 화학섬유 및 플라스틱 성형기 제조업<br>인쇄 및 제책용 기계 제조업<br>주형 및 금형 제조업<br>그 외 기타 특수 목적용 기계 제조업 |
| 자동차 및 트레일러 제조업 | 자동차용 엔진 제조업<br>승용차 및 기타 여객용 자동차 제조업<br>화물 자동차 및 특수 목적용 자동차 제조업<br>차체 및 특장차 제조업<br>자동차 구조 및 장치 변경업<br>트레일러 및 세미 트레일러 제조업<br>자동차 엔진용 신품 부품 제조업<br>자동차 차체용 신품 부품 제조업<br>자동차용 신품 동력 전달장치 제조업<br>자동차용 신품 전기장치 제조업<br>자동차용 신품 조향장치 및 현가장치 제조업<br>자동차용 신품 제동장치 제조업<br>자동차용 신품 의자 제조업<br>그 외 자동차용 신품 부품 제조업<br>자동차 재제조 부품 제조업 |
| 기타 운송장비 제조업 | 강선 건조업, 합성수지선 건조업<br>기타 선박 건조업, 선박 구성 부분품 제조업<br>오락 및 스포츠용 보트 건조업<br>기관차 및 기타 철도 차량 제조업<br>철도 차량 부품 및 관련 장치물 제조업<br>유인 항공기, 항공 우주선 및 보조장치 제조업<br>무인 항공기 및 무인 비행장치 제조업<br>항공기용 엔진 제조업, 항공기용 부품 제조업<br>전투용 차량 제조업, 모터사이클 제조업<br>자전거 및 환자용 차량 제조업<br>그 외 기타 달리 분류되지 않은 운송장비 제조업 |

　　　　　　　　　　　　직장인이여 제2의 엔진을 돌려라

| 가구 제조업 | 매트리스 및 침대 제조업<br>소파 및 기타 내장 가구 제조업<br>주방용 및 음식점용 목재 가구 제조업<br>기타 목재 가구 제조업, 금속 가구 제조업<br>그 외 기타 가구 제조업 |
|---|---|
| 기타 제품 제조업 | 귀금속 및 관련제품 제조업<br>모조 귀금속 및 모조 장신용품 제조업<br>건반 악기 제조업, 전자 악기 제조업, 기타 악기 제조업<br>체조, 육상 및 체력, 단련용 장비 제조업<br>놀이터용 장비 제조업, 낚시 및 수렵용구 제조업<br>기타 운동 및 경기용구 제조업<br>인형 및 장난감 제조업<br>영상게임기 제조업, 기타 오락용품 제조업<br>간판 및 광고물 제조업, 사무 및 회화용품 제조업<br>가발 및 유사 제품 제조업<br>전시용 모형 제조업, 표구 처리업<br>단추 및 유사 파스너 제조업<br>라이터, 연소물 및 흡연용품 제조업<br>비 및 솔 제조업,<br>그 외 기타 달리 분류되지 않은 제품 제조업 |
| 산업용 기계 및 장비 수리업 | 건설·광업용 기계 및 장비 수리업<br>기타 일반 기계 및 장비 수리업<br>전기·전자 및 정밀 기기 수리업 |
| 전기, 가스, 증기 및 공기 조절 공급업 | 원자력 발전업 , 수력 발전업, 화력 발전업<br>태양력 발전업 ,기타 발전업, 송전 및 배전업<br>전기 판매업,연료용 가스 제조 및 배관공급업<br>증기, 냉·온수 및 공기 조절 공급업 |
| 수도업 | 생활용수 공급업, 산업용수 공급업 |
| 하수, 폐수 및 분뇨 처리업 | 하수 처리업, 폐수 처리업, 사람 분뇨 처리업, 축산 분뇨 처리업 |

| 폐기물 수집, 운반, 처리 및 원료 재생업 | 지정 외 폐기물 수집, 운반업<br>지정 폐기물 수집, 운반업, 건설 폐기물 수집, 운반업<br>지정 외 폐기물 처리업, 지정 폐기물 처리업<br>건설 폐기물 처리업, 방사성 폐기물 수집, 운반 및 처리업<br>금속류 해체 및 선별업, 금속류 원료 재생업<br>비금속류 해체 및 선별업, 비금속류 원료 재생업 |
|---|---|
| 환경 정화 및 복원업 | 토양 및 지하수 정화업, 기타 환경 정화 및 복원업 |
| 종합 건설업 | 단독주택 건설업, 아파트 건설업<br>기타 공동주택 건설업<br>사무·상업용 및 공공기관용 건물 건설업<br>제조업 및 유사 산업용 건물 건설업<br>기타 비주거용 건물 건설업<br>지반조성 건설업, |

# 참고 자료

_4차산업혁명위원회, 「혁신성장을 위한 사람 중심의 4차 산업혁명 대응 계획」, 2017.11

_강창희, 『인생 이모작 시대 직장인의 노후설계와 퇴직연금』, 김&정, 2006.8

_고용노동부, 「한국고용직업분류 2018 분류표」, 2017

_교육부, 「산학협력교수 인정 기준」, 2012.6

『미래는 더 나아질 것인가: 인공지능, 4차 산업혁명 그리고 인간의 미래』, 알에이치코리

아, 2016.12

_국민연금연구원, 「6차년도 국민노후보장패널조사」, 2017.1

_김무곤, 『NQ로 살아라』, 김영사, 2003.9

_김병숙, 『은퇴 후 8만 시간』, 조선북스, 2012.2

_김정남·문철우, 『경영전략론』, 성균관대 경영대학원 iMBA, 2004.10

_김정욱 외, 『2016 다보스 리포트 = 2016』, 매일경제신문사, 2016.4

_김종진·박봉수, 「새로운 직업을 만들자 취업난이 풀린다-진로선택 대안으로서의 창직」,

한국고용정보원, 2012.7

_롤랜드 버거 저, 김정희 외 옮김, 『4차 산업혁명 : 이미 와 있는 미래 』, 다산 3.0 , 2017.6

_명대성, 『반퇴혁명 먼저 퇴직하는 자가 이긴다』, 라온북, 2015.8

_명동준 외, 『자영업자 창업 백과사전』, KICC, 2016.8

_미래창조과학부, 「제 4차 산업혁명에 대응한 지능정보사회 중장기 종합대책」, 2017.1

_박문수·허선영, 「산학협력중점교수 제도개선을 위한 정책적 제언」, 산학협력정책연구소,

  2015.11

_요시카와 료조 외, KMAC 옮김, 『제4차 산업혁명 경영자여, 이대로 생존할 수 있겠는가? 』,

  KMAC, 2016.6

_이경주, 『4차 산업혁명, 앞으로 5년』, 마리북스 , 2016.10)

_이윤학·하철규·김진웅·서동필·김범준, 「2016 대한민국 직장인 보고서」,

  NH투자증권 100세시대연구소, 2016.4

_인제이매니지먼트, 『다시 일하러 갑니다』, 알키, 2012.11

_장진원, 『아마존 지금 해야 10억 번다』, 라온북, 2016,10

_전병호, 『퇴직을 디자인하라: 10년차 직장인』, 청년정신, 2014.4

_정기룡 외, 『현직에서 퇴직 후를 준비하는 퇴근 후 2시간』, 나무생각, 2015.2

_정부 관계부처 합동,「혁신성장을 위한 사람 중심의 4차 산업혁명 대응계획」, 2017.11

_주원·김천구, 「산업 일꾼들이 늙어간다」, 현대경제연구원, 2017.5

_중소기업 기술개발사업 관리시스템,

「2018 중소기업 기술개발지원사업관리 지침 별첨」, 2018.3

_차두홍 외, 『4차산업혁명과 빅뱅 파괴의 시대』, 한스미디어, 2017.2

_클라우스 슈밥 , 송경진 옮김, 『클라우드 슈밥의 제4차 산업혁명』, 새로운 현재, 2016.4

_통계청, 「경제활동인구조사 고령층 부가조사」, 2017.5

_통계청, 「경제활동인구조사/청년층 및 고령층 부가조사」, 2013.5

_통계청, 「장래인구추계 2015-2065년」, 2016.12

_통계청, 「제10차 개정 한국 표준산업분류」, 2017.1

_파인드잡, 전경련중소기업협력센터, 「2015 중장년 재취업인식조사」 2015.6

_한국고용정보원, 「고용 동향 브리프」, 2017.3

_한국고용정보원, 「2016 우리들의 직업 만들기 - _중장년을 위한 창직가이드」, 2016.4

_한국고용정보원, 「인생 2막, 새로운 도전 - 베이비부머 직업탐색 가이드」, 2015.12

_한국고용정보원, 「청년층 희망일자리-취업일자리 일치 및 고용유지 현황분석」, 2017.1

_한국기술교육대학교·고용노동부, 「중장년 생애재설계 및 경력재개 방안 연구」, 2013.12

_한석희·조형식·홍대순, 『미래를 결정지을 제 4차 산업혁명 인더스트리 4.0』,

페이퍼로드, 2015.5

_후쿠하라 마사히로 외, 이현욱 옮김, 『(4차산업혁명) 인공지능 빅데이터』, 경향BP, 2016.11

_Oxford Martin School, Carl Benedikt Frey and Michael A. Osborne 「THE FUTURE

OF EMPLOYMENT : HOW SUSCEPTIBLE ARE JOBS TO COMPUTERISATION」,

2013.9

## 참고 웹사이트

_네이버 지식백과, "경력,經歷, Career _HRD 용어사전", 2010. 9

〈http://terms.naver.com/entry.nhn?docId=2177848&cid=51072&categoryId=51072〉

_네이버 지식백과, 아날로그와 디지털 (디지털 데이터, 정보, 지식, 2013. 2. 25.

커뮤니케이션북스〈http://terms.naver.com/entry.nhn?docId=1526266&cid=42171&ca

tegoryId=42176〉

_귀농귀촌 종합센터, "귀농귀촌 실태조사결과" 2016

〈http://www.returnfarm.com/cmn/sym/mnu/mpm/1040201/htmlMenuView.do# 〉

_중앙일보, "봉사도 직업..텃밭 가꾸기 도와주다 도시농업전문가로", 2016.7

〈http://news.jtbc.joins.com/article/ArticlePrint.aspx?news_id=NB11276536〉

_NPS국민연금, "나는 몇 시에 살고 있나요?", 2014.9

〈http://news.nps.or.kr/newshome/mtnmain.php?mtnkey=articleview&mkey=scatelis

t&mkey2=19&aid=1281&bpage=7&stext=〉

_중앙일보 "연금 받으려면 멀었는데…. 10년 무소득 극복법", 2017.11

〈http://v.media.daum.net/v/20171105040054477?rcmd=rn〉

_고용노동부 워크넷, "한국직업사전"

〈https://www.work.go.kr/consltJobCarpa/srch/jobDic/jobDicIntro.do〉

_한국임업진흥원, "귀산촌 정보"〈https://www.kofpi.or.kr/info/rFarm_01.do〉

_월드프렌즈 NIPA 자문단 해외파견사업 〈https://senior.nipa.kr/main.do〉

_강태훙, "성공의 지혜 (지속 반복의 법칙)", 2016.4

　〈http://blog.naver.com/patent21/220697359655〉

_Gartner "Top Strategic Technology Trends" 〈https://www.gartner.com〉

_조선일보, "현재 직업의 절반은 20년 안에 사라질 것 직업별 컴퓨터 대체 가능성 조사",

　2014.7〈http://premium.chosun.com/site/data/html_dir/2014/07/18/2014071802683.

　html〉

_과학기술정보통신부, "삶의 혁명을 가져다 줄 지능정보기술! 세상을 이끌 지능정보산업 발

　전전략 발표", 2016.3 〈https://m.blog.naver.com/PostView.nhn?blogId=with_msip&

　logNo=220658572480&proxyReferer=https%3A%2F%2Fwww.google.co.kr%2F〉

_네이버 시사상식사전 "6T 산업" - 네이버 시사상식사전

　〈http://terms.naver.com/entry.nhn?docId=1049115&cid=43667&category

　Id=43667〉

_머니투데이 "최소 노후생활비 월 104만원…"노후시작은 67세 이후", 2017.1

　〈"http://news.mt.co.kr/mtview.php?no=2017013110324325046〉

_한국과학기술정보연구원, "4차 산업혁명 쉽게 이해하기"

　〈http://www.ndsl.kr/ndsl/issueNdsl/detail.do?techSq=7〉5